KB213415

MONEY **HACKING**
머니 해킹

머니 해킹
MONEY **HACKING**

초판 1쇄 인쇄 2009년 6월 15일
초판 1쇄 발행 2009년 6월 22일

지은이_ 김 현
펴낸이_ 전익균

이사_ 송영욱, 임상현
편집장_ 김남희
기획·편집_ 이미순, 김미화
디자인_ 이호영   마케팅_ 오정민   경영지원_ 최예란
외부 스탭_ 정은미(교정), 서주진(디자인)

찍은곳_ 예림인쇄   출력_ 한국커뮤니케이션   제본_ 명진문화

펴낸곳_ (주)새빛에듀넷
주소_ 서울 강남구 역삼동 723-28 영빌딩 1층
전화_ 02-3442-4393~4   팩스_ 02-3442-6771
e-mail_ svinvest@hanmail.net   홈페이지_ www.assetclass.co.kr
등록번호_ 제16-4043호   등록일자_ 2006. 11. 28

값 13,000원

ISBN 978-89-92873-40-6 (03320)

누구도 말해주지 않는 금융의 진실

MONEY
HACKING

머니 해킹

김 현 지음

도서출판 새빛
SAEVIT

가장 간단한 투자이론이
가장 훌륭한 투자이론이다

오캄의 면도날에 따르면, 같은 현상을 설명하는 여러 이론 가운데 가장 간단한 설명이 가장 좋은 설명이라고 한다. 하지만 이 주장 역시 그 이유를 자세히 설명하지 않고 한 문장으로 선언만 하여 이해하기 어렵다. 간결함이 더 아름다워서일 수도 있겠고, 더 이해하기 쉬워서일 수도 있겠다. 불필요한 것들이 많으면 보는 사람이 불편한 것은 당연하다. 어쨌든 이 주장은 충분히 그럴 듯하다. 이론이 복잡할수록 이론이 틀릴 가능성이 높아지고 그것을 현실에 적용할 때 발생하는 실수, 오해, 편견이 더욱 많아질 수 있다.

나는 오랫동안 투자와 투자이론에 대하여 강한 흥미와 매력을 느껴왔다. 하지만 이 분야가 하나의 학문으로 정착될 수 있을지는 언제나 의문이었다. 그 누구도 심지어는 컴퓨터도 어떤 이론이나 알고리즘을 적용하기만 하면 언제나 돈을 벌 수 있는 투자이론을 성립할 수는 없을 것이다.

결국, 투자는 언제나 제로섬 게임이 아닐까? 그렇지 않다면 그것은 투자이론이 아니라 경제이론이 되어야 하지 않을까? 투자이론과 경제이론은 어떻게 다른 것인가?

투자이론과 경제이론은 분야가 서로 겹치고 비슷한 점도 많지만 엄밀히 서로 다른 것이다. 그리고 정확히 말해 아직까지 학문적으로 정립된 투자이론은 없다. 최근 이 분야에서 노벨상 수상자도 많이 나오고 과학적 방법을 적용하려는 시도도 많아지고 있지만.

투자이론에 관심을 가진 사람은 경제이론에 관심을 가진 사람과는 다른 동기가 있다. 그들은 인류 번영이나 경제 성장 같은 원대하고 야심찬 목표가 아니라, 어떻게 하면 적은 돈을 투자하여 최대 소득을 낼 수 있을지 또는 적어도 손해는 보지 않을 수 있을지를 생각한다.

많은 사람들이 투자이론에 대한 과학이 존재하기를 바랄 것이다. 하지만 대부분의 경우 투자가 제로섬 게임이 아니기 때문에, 투자에 관한 과학은 어떤 의미에서는 성립할 수 없다. 만약 투자에 관심이 있다면 과학과 학문을 통해서는 그 방법을 배울 수 없을 수도 있다. 가장 좋은 출발점은 과거에 투자로 성공한 사람들의 삶과 전략을 돌이켜보고, 거기서 가장 이해하기 쉽고 좋은 관점을 배우는 것이다.

이런 실용적인 동기를 가진 투자에서만큼은 앞서 말한 오캄의 면도날이 중요한 교훈이 된다. 복잡한 이론은 현실에 적용할 때 많은 오해와 편견이 생길 수 있으며, 그것이 무엇인지도 이해하기 어렵다. 투자에 대한 바른 관점을 정립하려면, 이것이 가장 중요하다. 가장 성취하기 어려운 것이기도 하다. 투자에 관한 과학이 존재하지 않으므로 다른 사람들이 어떻게 했는지 돌이켜보면서 스스로 길을 찾아야 하기 때문이다. 게다가 다른 사람들의 인생 이야기는 과학과 달라서 구구절절하고 비참한 경우가 많다.

나는 지금까지 투자이론을 이해하기 위해 노력한 결과를 이 책에 정리하였다. 만일 내가 목표를 달성하였다면, 독자들은 투자이론을 이해하는 첫걸음을 조금이나마 쉽게 시작할 수 있을 것이다.

작년부터 미국발 경제위기로 미국은 물론이고 한국과 전세계가 홍역을 앓고 있지만, 근본 원인을 파헤쳐보면 오캄의 면도날이 무색할 정도로 깔끔하고 단순한 진리를 발견할 수 있다. 여러분이 투자에 대해서 관심이 있고 투자이론을 이해하고 싶다면, 여러분이 해야 할 것도 바로 이것이다.

아무리 복잡한 현상에서 출발하더라도 여러분이 마지막에 얻어야 하는 것은 오해와 편견의 여지가 없는 간단하고 자명한 것이어야 한다. 그럼, 이제 시작해보자.

CONTENTS

접근3_ 기본을 알고 **투자 스타일을 결정**하라 (투자 노하우)

CONTENTS

접근4_ 현재의 경제위기를 제대로 파악하라 (돈의 유동성)

MONEY
HACKING

접근 **1**

아무도
가르쳐주지
않는 것을 배워라

MONEY HACKING

MONEY HACKING

성공학에 담긴 거짓말

MONEY
HACKING

어느 늦은 밤 나는 성공학에 대한 베스트셀러 한 권에 푹 빠져 있었다. 마지막 몇 장은 단어 하나라도 놓칠까 마치 눈으로 종이를 핥듯이 탐닉했다. 그러고는 밖으로 나왔다. 밤하늘에는 영롱한 별들이 반짝이고, 달빛은 땅을 환하게 비추고 있었다. 나는 생각에 잠겼다.

'그래! 지금이 인생의 다는 아니야. 누구나 태어날 때부터 타고난 재능과 소명이 있고, 우리는 그것을 성취하도록 운명 지워져 있어. 내일 아침, 주변을 깨끗이 정돈하고 나의 목표를 정하는 거야.'

내 가슴은 새로운 희망으로 벅차올랐다. 하지만 이내 내 머리는 인생의 목표나 주변정돈과는 거리가 먼 의심으로 가득 찼다. 성공에 이르는 비결은 무엇일까? 시중에 나와 있는 수많은 성공학 책들은 긍정적인 사고, 분명한 목표의식, 성실, 끈기 등을 꼽는다. 그렇다면 매일 새벽 인력시장에 나와 하루 일거리를 찾는 수많은 사람들은 성실하지 않아서 성공하지 못한 것일까? 만약 '성실한 사람이 성공한다'는 명제가 참이기 위해서는 성실하게 살아온 사람들은 모두 성공했어야 한다.

'분명한 목표의식'이라는 말도 마찬가지다. 사실, 목표가 있어야 목표를 달성한다는 것은 너무 당연한 말이 아닌가? 목표가 없다면 목표를 달성하더라도 모르고 그냥 지나칠 것이니 말이다. 목표가 분명해야 성공할 수 있다고 말하는 것은 마치 "내가 지난 10년간 대입 시험에서 수석을 차지한 사람들을 조사했는데, 이들은 모두 시험 당일에 시험장에 출석하여 시험을 치렀다는 공통점이 있었다"는 말처럼 억지이다.

이런 억지 주장에 쓰는 돈이 미국에서만 몇십 억 달러 정도라고 한다(컬럼비아 대학의 데이비드 프리드먼 교수는 정리정돈과 관련된 컨설팅, 출판, 세미나 등에 쓰는 돈이 이 정도라고 추정했는데, 나는 성공학에 쓰는 돈도 이에 못지않을 것이라고 생각한다).

『이기적 유전자』, 『만들어진 신』을 쓴 리처드 도킨스는 종교야말로 가장 큰 거짓이라고 이야기하지만, 나는 종교보다 더 큰 거짓이 바로 '성공학의 신화'라고 생각한다. 이것이 끼친 손해는 전쟁만큼 크진 않지만, 사람들이 수십억 달러를 낭비하게 만들고 그릇된 희망을 품어 인생을 낭비하게 만들지 않는가? 나는 이것이야말로 인류 역사상 가장 큰 거짓말이라고 생각한다. 좀 더 자세히 살펴보자.

성공학의 논리

MONEY
HACKING

대부분의 성공학 책들은 "모든 성공한 사람들은 성실하다. 그러므로 성실은 성공으로 가는 열쇠이다"라고 주장한다. 하지만 우리 주변에는 성실함에도 불구하고 성공하지 못한 사람들이 너무나 많이 있다.

이에 대해 성공학 전도사들은 대부분 침묵하거나 그들이 성실해 보일 뿐 실제로는 성실하지 못하다고 말한다. 그리고 진정한 '성실'은 이런 것이라며 괜히 단어만 재정의하려고 든다. 이런 방식으로 문제를 비껴나가는 것은 반칙이며 진정한 '성실'을 운운하는 것은 지적 태만이다.

예를 들어, 성실한 사람이 100명 있다고 치자. '100'은 백분율에 쓰이는 숫자이므로 돈에 대해서 제대로 배우고 싶다면 '100' 이라는 숫자와 친해지는 것이 좋다. 이중에서 10명이 성공했다고 치자. 그렇다면 성실한 사람 100명 중에 10명이 성공했고 나머지 90명은 실패한 것인데, 어떻게 '성실'이 성공의 비결이라고 결론 내릴 수 있는가?

이건 마치 백조 100마리 중에 10마리가 흰색이고 나머지 90마리는 회색이므로, 흰 깃털이 백조의 특징이라고 단정 짓는 것과 같다. 상식적인 사람이라면, 성실이 성공의 비결이라고 조급하게 결론 내리기 전에 성실함에도 불구하고 실패하는 이유가 무엇인지 곰곰이 생각해볼 것이다. 그리고 좀 더 진지한 사람이라면 성공한 10명만이 가지고 있는 특징이 무엇인지 생각해볼 것이다.

성실함에도 불구하고 실패한 90명은 완전히 무시하고, 성공한 10명만을 조사하여 그들의 특징이 성실이므로, 성실이야말로 성공의 비결이라고 주장하는 것은 마치 그리스 신화의 프로크루스테스처럼 자신의 침대에 맞추어서 사람을 늘이기도 하고, 팔다리를 자르기도 하는 아집과 편견일 것이다.

어떤 사람들은 이것을 통계학에서 말하는 '생존편의'라고 생각할 수도 있다. 하지만 나는 인과관계의 오류라고 생각한다. 왜냐하면, '성실이 성공의 비결이다'라는 명제가 참이라면, '성공하지 못한 사람들은 모두 성실하지 않다'는 명제도 참이어야 하기 때문이다. 그리고 성실한 사람 100명 중에 90명이 실패하고 10명이 성공했다면, 성공의 비결은 분명 '성실' 이 아닌 다른 것일 가능성이 높다.

돈 버는 방법에
대한 거짓말

다른 성공의 비결들도 마찬가지다. 아무도 알지 못했던 엄청난 비밀을 자신만이 알아낸 것처럼 생색을 내며 알려주고 있지만, 사실 의미 없는 이야기를 과대 포장한 경우가 대부분이다. 이런 책들은 서점을 가득 메우고 있다.

이런 거짓말들이 끊임없이 쏟아져 나오는 이유는 많은 사람들이 이러한 거짓말이 해롭지 않다고 생각하기 때문이다. 아니면 나와는 상관없는 거짓말이라고 믿기 때문일 것이다.

이러한 말들이 세상에서 가장 큰 거짓말이라면, 두 번째로 큰 거짓말은 다음과 같은 것이다. "나는 큰돈을 벌었는데 이 책에 그 비밀을 밝혀두었으니, 이 책을 읽으면 나처럼 큰돈을 벌게 될 것이다"라는 말들이다. 이런 책들도 서점을 가득 메우고 있는데, 금융, 재테크, 투자, 주식, 채권, 부동산 등의 이름을 달고 있다. 앞으로 우리는 이런 책들이 다루고 있는 주제에 대해서 이야기할 것이다.

우리는 '상식'이라는 강력한 무기를 가지고 이 주제에 접근할 것이다. 어느 날 램프의 요정이 나타나 당신에게만 큰돈을 버는 방법을 가르쳐주었다면, 여러분은 그것을 신문과 TV에 내고, 그것도 모자라 책을 써서 수많은 사람들에게 가르쳐줄까? 아마 대부분의 사람들은 조용히 숨어서 혼자 돈을 벌지 책을 써서 다른 사람들에게 가르쳐주려고 하지 않을 것이다.

그렇다면 이런 유의 책들은 왜 계속 출간되는 것일까? 그것은 그 방법이 더 이상 먹히지 않거나, 그 방법으로 돈을 버는 것보다 책을 써서 돈을 버는 것이 더 낫기 때문일 것이다.

세상에는 돈 버는 방법에 대한 수만 가지 학설이 존재하지만, 성실히 일하라든지 사람들이 좋아하는 물건을 팔라든지 하는 것들을 제외하고, 오로지 돈으로 돈을 버는 방법에 대한 이론은 단 두 가지이다.

첫 번째는 돈의 흐름을 잘 타면 돈을 벌 수 있다는 주장이다. 우리는 이것을 기술적 분석이라고 한다. 두 번째는 공부를 열심히 하면 돈을 벌 수 있다는 주장이다. 우리는 이것을 기본적 분석이라고 한다. 이 두 주장을 추종하는 사람들은 극

단적으로 다를 뿐만 아니라 서로를 몹시 싫어한다. 기술적 분석을 하는 사람들은 기본적 분석을 하는 사람들이 큰돈을 버는 것을 무척 싫어한다. 공부만 하는 책벌레들이 큰돈을 버는 것이 배가 아픈 것이다.

반대로 기본적 분석을 하는 사람들은 기술적 분석을 하는 사람들이 큰돈을 버는 것을 무척 싫어한다. 공부도 못하는 것들이 큰돈을 버는 것이 배가 아픈 것이다. 두 부류의 사람들은 상대편이 돈을 버는 것을 전혀 이해하지 못하는데, 이러한 사람들에 대해서는 나중에 다시 자세히 이야기하겠다.

하지만 두 부류의 사람들이 공통적으로 동의하는 것이 있다. 그것은 바로 '합리적 시장 가설'이라는 아주 중요한 개념인데, 그들은 모두 이것이 진실이라고 믿는다. 한 가지 재미있는 사실은 아이러니하게도 그들이 서로를 싫어하는 이유가 바로 이 '합리적 시장 가설' 때문이라는 것이다.

이를테면, 이런 식이다. 기본적 분석을 하는 사람들은 "합리적 시장 가설에 따르면 기술적 분석으로는 절대로 돈 못 벌어"라고 말하고, 기술적 분석을 하는 사람들은 "합리적 시장 가설에 따르면 기본적 분석으로는 절대로 돈 못 벌어"라고 말하는 것이다. 이들의 대립과 증오는 거의 종교전쟁 수준인데, 이것은 다음 장에서 자세히 다루겠다.

내가 이 책을 쓰는 목적은 큰돈을 버는 방법을 알려주는 것이 아니다. 다만 수많은 사람들이 큰돈을 벌기 위해서 고안해낸 기술과 이론에 대해서 이야기할 것이다. 여러분은 이 책을 통해 큰돈을 번 사람들에 대해서 그리고 그들이 사용한 방법에 대해서 배우게 될 것이고, 그들이 주장하는 방법들의 장단점을 배우게 될 것이다. 이 책을 처음부터 끝까지 주의 깊게 읽는다면, 어쩌면 마지막 장을 덮을 때는 큰돈을 버는 방법의 정수를 깨닫게 될 수도 있을 것이다.

시장 가격을 예측하는
세 가지 방법

MONEY
HACKING

세상에는 시장 가격을 예측하는 세 가지 방법이 있다. 첫째는 가격이 오를 것이라고 예측한 뒤 가격이 오를 때까지 기다렸다가 자신의 예측이 맞았다고 말하는 것이다. 둘째는 가격이 내릴 것이라고 예측한 뒤 가격이 내릴 때까지 기다렸다가 자신의 예측이 맞았다고 말하는 것이다. 셋째는 두 부류의 사람들이 말을 끝낼 때까지 기다렸다가 앞으로 시장 가격이 어떻게 될지는 아무도 모른다며 둘 다 틀렸다고 말하는 것이다.

셋째 부류의 사람에 대해서는 앞으로 자주 이야기할 것이므로 이 장에서는 첫째와 둘째 부류의 사람들에게 초점을 맞추기로 하자. 얼핏 보기에 두 부류는 별다를 바가 없을 것 같지만 사실 큰 차이가 있다. 바로 첫째 부류는 많은 사람들이 좋아하지만 둘째 부류는 많은 사람들이 싫어한다는 것이다. 이것은 당연한 것이다. 주가가 오른다고 하면, 주식을 가지고 있거나 주식 투자를 하려는 증권회사 직원, 주주, 경영진, 경제 관료, 정치인 등이 아주 좋아할 것이다. 대신 이런 사람들은 둘째 부류를 아주 싫어할 것이다. 어쩌면 우리 모두가 마음속으로 그들의 예상이 틀리기를 바라고 있을 것이다. 그래서 우리가 지금 목격하고 있는 금융 위기를 예측한 뉴욕대의 누리엘 루비니 교수에게 『뉴욕 타임스』는 '재앙의 박사님 Dr. Doom' 이라는 별명을 붙여주었는지도 모르겠다.

바로 이런 이유 때문에 많은 경제학자들은(루비니 교수를 빼고는) 지금의 금융위기에 대해서 용기 있게 경고를 보내지 못했을 것이다. 로버트 실버는 이런 이유 때문에 아무도 강도 높은 경고를 하지 못했고, 앨런 그린스펀을 비롯하여 아무도 이 경고를 주의 깊게 듣지 못했을 것이라고 말했다. 사회심리학에서 해답을 찾을 수도 있을지 모르겠다. 심리학자인 어빙 재니스는 1972년에 『집단사고 Groupthink』에서 전문가들이 어떻게 엄청난 실수를 하는지 설명했다. 그의 주장에 따르면 전문가 집단에 속한 사람들은 합의된 의견에서 지나치게 벗어나면 동료들의 인정을 받기는커녕 왕따를 당하게 되고 중요한 일을 하지 못하게 될 것이라는 우려를 가지고 있다는 것이다. 따라서 집단이 합의한 것에 의심이 가더라도 집단의 분명한 가정과 일치하는 형식적인 방식으로 표현할 수 없는 경우에는 스스로를 검열한다는 것이다.

많은 사람들이 경제학에 대해 큰 오해를 하고 있다. 이것은 경제학을 전공한 사람이나 그렇지 않은 사람이나 모두 가지고 있다. 바로 경제학이 돈에 대한 것이라는 통념이다. 그래서 경제학 전공자가 실업자가 되면 사람들은 경제학을 공부한 사람이 어떻게 돈을 못 버느냐며 핀잔을 주는 것이다. 여기서 여러분은 이런 생각이 들 것이다. '경제학이 돈에 대한 것이 아니라면, 대체 무엇이 돈에 대한 것인가?' 하지만 앞서 말했듯이 돈을 버는 방법을 알고 있는 사람들은 그 방법을 가르쳐주지 않을 것이다. 왜냐하면 모두가 그 방법을 사용하면 아무도 돈을 벌 수 없기 때문이다. 실제로 돈에 대해서, 특히 돈 버는 비결에 대해서는 최근까지도 정립된 이론이 거의 없다. 이것이 바로 이 책의 주제이다.

돈 버는 기술에 대한 '아래로부터의 접근법'

MONEY
HACKING

나는 돈 버는 기술에 대해 '아래로부터의 접근법bottom-up approach'을 통해 밝혀보고자 한다. 사실 '위로부터의 접근법top-down approach'과 '아래로부터의 접근법'에 대해서도 많은 사람들이 오해하고 있기 때문에 무엇이 진실인지 알 수가 없다. 이것이 경제학에 대한 세 번째 오해이다.

경제학의 두 번째 오해는 거시경제학과 미시경제학에 관한 것이다. 누군가가 미시경제학을 공부한다고 하면 사람들은 "쫀쫀하게 미시경제학이냐? 하려면 거시경제학을 해야지"라고 말한다.

거시경제학은 국가나 세계에서 일어나는 경제현상을 연구하는 스케일도 크고 폼도 나는 것이라고 생각하고, 미시경제학은 개인에게 일어나는 경제현상을 연구하는 좀스럽고 통이 작은 것이라고 생각하는 것이다. 경제학에 대한 이보다 큰 오해는 없을 것이다.

여기서 간단하게 짚고 넘어가자. 한마디로 거시경제학은 기업, 국가, 가정과 같이 서로 구조가 다르고 동기와 행동방식이 서로 다른 구조들이 모였을 때 어떤 일이 일어날지를 연구하는 것이고, 미시경제학은 살아가는 동기와 목적이 같은 사람들이 모였을 때 어떤 일이 일어날지를 연구하는 것이다.

마찬가지로 사람들은 '위로부터의 접근법'이라고 하면 국제경제 같은 거대한 문제에서 국내경제 같은 작은 문제로 내려오는 접근법이라고 생각하고, '아래로부터의 접근법'이라고 하면 기업분석 같은 작은 문제에서 산업분석, 국내경제, 국제경제, 태양계경제 등과 같은 큰 문제로 올라가는 것이라고 생각한다. 이런 식으로 치자면, 나는 위로부터의 접근법을 제대로 사용하는 사람을 지금까지 한 번도 만나본 적이 없다.

사실 아래로부터의 접근법이라는 말은 없다. 학문과 이론과 기술에서 사용하는 것은 대부분 위로부터의 접근법이다. 위로부터의 접근법이란 어떤 어려운 문제를 접했을 때, 그리고 이 문제가 해결할 수 없을 정도로 복잡하고 어려워 보일 때, 이것을 처리할 수 있는 작은 하위문제로 나눈 다음,

각각을 해결하고 그 다음에 이것들의 답을 해결해나가는 방식이다. 예를 들어, 초등학교에서 배웠던 수학문제를 생각해보라.

$$2 \times (3+3) + 5 \div 6 - 7 \times 8 \times 9$$

우리는 먼저 괄호 안에 있는 것을 푼 다음, 곱셈과 나눗셈을 풀고, 더하기와 빼기를 풀어야 한다는 것이라고 배웠다. 이것이 바로 위로부터의 접근법이다. 이런 문제를 아래로부터의 접근법으로 풀 방법은 없다. 하지만 이제부터 우리는 아래로부터의 접근법으로 돈의 문제에 접근할 것이다.

금융 시스템을
앞지르는 해커 되기

MONEY
HACKING

혼란스러워하는 사람들을 위해 이 장에서는 용어를 정리하고 넘어가자. 폴 그레이엄은 『해커와 화가』에서 해커들은 다른 사람의 컴퓨터에 침입하는 사람이 아니라, 어떤 것에 정통해서 컴퓨터를 자기가 원하는 대로 조작할 수 있는 사람이라고 말했다.

이것을 금융시장에 적용하여 본다면, 해커는 금융시장을 자기가 원하는 대로 조작할 수 있는 사람이고, 금융시장이 어떻든 자신이 원하는 결과를 얻을 수 있는 사람을 말하는 것이다. 모든 해커들의 목표는 시스템을 충분히 이해한 다음, 시스템을 앞지르는 것이다.

이 책의 가장 큰 전제는 금융이 하나의 시스템이라는 것이며, 컴퓨터 해커들이 컴퓨터 시스템을 앞지르듯이 누구라도 금융 시스템을 앞지를 수 있다는 것이다. 만일 여러분이 돈과 금융에 대해 알고 싶어 경제학 책들을 기웃거려 보았다면, 돈을 제대로 이해하기 위해서는 기성의 경제학 또는 기성의 학문에서는 적당한 도움을 찾기 어렵다는 것을 이해할 것이다.

물론, 위로부터의 접근법은 아주 뛰어난 접근법이다. 경제학, 법학, 물리학, 생물학, 공학뿐만 아니라 컨설팅과 같은 분야에도 두루 사용되는 방법이다. 하지만 이 세상에는 위로부터의 접근법을 사용할 수 없는 분야가 있다. 그 중 하나가 바로 금융이다.

그렇다면 아래로부터의 접근법이란 무엇인가? 이것은 해커들이 고안해낸 방법으로, 아주 구체적인 문제를 해결하는 한 가지 방법을 찾았을 때, 여기서부터 거슬러 올라가서 시스템 전체를 구성하고 앞지르는 방법을 만들어가는 것이다. 해커들이 실제 행동을 통해 해킹을 배운다는 사실은 해킹이 과학과 다르다는 점을 알려주는 또 하나의 증거가 된다. 과학자들은 실제 행동이 아니라 일련의 실험과 연습문제를 통해서 배운다. 과학자들은 다른 사람이 그들을 위해서 해놓은 일을 반복한다는 의미에서 언제나 완벽한 일만 수행한다.

이러한 과정들을 통해서 그들은 궁극적으로 독창적인 일을 할 수 있는 지점에 도달하게 된다. 하지만 해커들은 시작부터가 독창적이다. 한마디로 해커들은 독창적으로 시작하고, 과학자들은 좋은 상황에서 출발해서 차츰 독창적으로 되어간다.

나는 결국 돈 문제에 관한 한 위로부터의 접근법은 불가능하다는 것을 깨달았다. 이것은 어떤 의미에서는 과학이 될 수 없는 주제일지도 모른다. 그렇다고 해서, 이 문제를 공략한 사람이 없다는 의미는 아니다. 이 책은 이 문제를 해커적인 방식으로 접근하고 공략한 사람들에 대한 기록이다.

접근 2

재테크는
시간과의
싸움이다

MONEY HACKING

MONEY HACKING

길에 떨어진 만 원짜리를
주울 것인가
말 것인가?

MONEY
HACKING

우연히 길에 떨어진 만 원을 발견한다면 주워야 할까 말아야 할까?

보통 사람들은 당연히 주워야 한다고 생각할 것이다. 하지만 이런 문제를 두고도 학계에는 다양한 의견들이 있다. 어떤 사람은 자신의 것이 아닌 것은 절대 줍지 않아야 한다고도 할 것이며, 땅에 떨어진 것은 소유자가 분명치 않으므로 주워도 된다고도 할 것이다. 어떤 사람들은 바로 주워서 쓸 것이고 어떤 사람들은 주위를 두리번거리며 주인을 찾아보려고 노력할지도 모르겠다.

나 역시 만 원을 주워 호주머니에 넣은 다음, 어디다 쓸지를 즐겁게 고민하며 합리적 시장 가설 따위는 가볍게 잊어버리는 사람들 중에 하나이다. 앞서 말한 것처럼, 나는 해커이다. 정확히 말하지만 컴퓨터 해커가 아니라 해커적 인생관을 갖고 있는 사람이다.

해커적 인생관이란 모든 문제가 해결 가능하고, 해결의 단초는 언제나 추상적인 이론이 아니라 구체적인 사실에 있다고 믿는 것이다. 그리고 모든 시스템은 해킹할 수 있고(이것은 시스템의 특징이다), 한번 해결한 문제는 언제나 더 나은 방식으로 즉, 더 우아하고 보기 좋게 다시 해결할 수 있다고 믿는 것이다.

옛말에 "어려운 문제는 게으른 사람에게 시켜라"는 말이 있다. 게으른 사람은 어려운 문제를 보다 쉽게 풀 수 있는 방법을 찾아내기 때문이다. 이런 신념을 공유하는 사람이 바로 해커이다.

몇 년 전 나는 해킹에 관한 책을 썼다. 그후 뜻한 바가 있어 미국 로스쿨로 유학을 갔고, 돌아와서는 금융과 밀접한 일을 했다. 업무 성과가 좋아서 홍콩에서 주는 상을 두 차례나 받았는데 첫 번째는 구조화 금융과 관련된 것이었고, 두 번째는 자본시장과 관련된 것이었다. 이처럼 내가 금융에 관심을 가지게 된 계기는 돈을 버는 꼼수를 찾기 위해서가 아니라 내가 맡은 업무 때문이었다.

이 책을 쓰게 된 직접적인 동기는 얼마 전에 일어났던 미국의 서브프라임 위기 때문이었다. 사실 이와 관련된 사람들은 이 문제가 가진 잠재적 폭발력에 대해서 2~3년 전부터 이미 알고 있었다. 결국 문제가 터졌다. 얼마 전 메릴린치가 다른 회사에 팔렸고, 리먼브라더스가 파산했으며, AIG 보험사가 미국 정부에 구제 금융을 신청했고, 미국 정부는 이를 해결하기 위해 사상 최대 규모의 공적 자금을 투입한다고 발표했다.

이때 나는 블로그에 이 문제의 본질과 원인에 대하여 글을 썼는데, 반응이 좋았다(이 글은 책의 마지막에 있다). 리플을 보면서 나는 많은 사람들이 금융의 구조와 현실에 대해 잘 모른다는 사실을 알게 되었다. 전문가들 역시 정확히 알지 못하기 때문에 항상 추상적으로 이야기하고 이것을 사람들이 그대로 받아들이는 것도 문제였다.

그래서 나는 해커 기질을 발휘하여(해커들은 자기가 알고 있는 것이 있으면 절대 가만있지 못하고 반드시 다른 사람들에게 알려주어야 한다) 돈과 금융에 대해서 내가 알고 있는 것을 사람들에게 알려줘야겠다고 결심했다.

지금의 경제 위기는 절대 그냥 넘어가지 않을 것이며, 운이 좋아 잘 넘어간다 하더라도 앞으로 우리가 살아갈 세상은 이전과는 전혀 다른 세상일 것이기 때문에 미리 공부해두는 것이 좋다.

벤처 붐이 일었을 때 인터넷, 벤처, 스톡옵션에 대해서 열심히 공부했고, 노무현 전 대통령이 탄핵되었을 때 대한민국 헌법을 열심히 읽었고, 황우석 교수 사건 때 생화학과 유전학을 열심히 공부했고, 촛불시위 때 광우병에 대해서 걱정했던 착한 대한민국 국민이라면, 이제 금융에 대해서도 공부하고 이해해야 할 때이다.

합리적 시장 가설

MONEY
HACKING

만 원짜리 이야기로 돌아가보자. 어떤 사람들은 무척 당황하겠지만, 실제로 만 원짜리를 줍지 않고 그냥 지나쳐야 한다는 이론은 여러 가지가 있다.

어떤 경제학자는 문제를 교묘하게 바꾸어 "빌 게이츠라면 길에서 만 원짜리를 보고도 줍지 않아야 한다. 왜냐하면 그의 기회비용이 허리를 숙여 만 원짜리를 줍는 것보다 더 비싸기 때문이다"고 왜곡하기도 한다. 여기서 우리가 관심을 기울여야 할 것은 돈과 금융에 관해서는 서로 앙숙인 기본적 분석주의자와 기술적 분석주의자가 모두 동의하는 단 하나의 반지 이론인 합리적 시장 가설의 답변이다. 합리적 시장 가설의 답변은 다음과 같다.

합리적 시장 가설 : 길에 떨어진 만 원짜리는 절대로 줍지 말아야 한다. 이유는 두 가지이다. 첫째, 길에 만 원짜리가 떨어져 있을 수 없으므로 이것은 환상이다. 둘째, 만약 이것이 환상이 아니라면, 당신이 발견하기 전에 누군가가 벌써 주워서 없어졌을 것이다.

이것이 바로 합리적 시장 가설이다. 어떤 사람들은 효율적 시장 이론이라고도 부른다. 신기하게도 이 합리적 시장 가설에 대해서는 유태인과 회교도처럼 싸우는 기본적 분석주의자와 기술적 분석주의자가 모두 동의한다. 도대체 왜 그럴까?

합리적 시장 가설 또는 효율적 시장 이론의 핵심은 바로 '시장이 효율적이라면 공돈은 없다' 는 위대한 명제이다. 여기서 주의할 것은 이것이 '가설' 이라는 점이다. 가설은 과학적으로 검증되거나 증명된 이론이 아니다.

그런데 많은 사람들이 왜 이러한 가설에 열광하는가? 나는 이 이론(가설)이 과학적으로 증명됐건 안 됐건 '공돈은 없다' 는 결론이 사람들을 아주 편안하게 해주기 때문이라고 생각한다. 다시 말해, 지금까지 공돈도 벌지 못했고, 공짜로 얻은 것도 없었는데, 그것이 '이론' 으로 확립될 수 있는 우주의 법칙이라는 사실이 묘한 위안을 주기 때문이다.

그리고 이러한 불운이 나만의 문제가 아니라 모든 사람에게 해당되는 우주의 현상이라는 것이 인간의 마음속에 있는 엄청난 사디즘(사촌이 땅을 사면 배가 아픈 현상)을 묘하게 충족시키기 때문이다. 그 증명은 다음과 같다.

1. 합리적 시장 가설에 따르면 공돈은 없다.
2. 그러므로 당신이 지금 주운 만 원짜리는 절대로 공돈이 아니다.
3. 그러므로 나는 배 아플 이유가 없다.

기본적 분석과
기술적 분석의 차이점

MONEY
HACKING

좀 더 구체적으로 살펴보자. 앞서 말한 것처럼 기본적 분석
주의자들은 공부를 많이 한다. 이들은 재무제표 같은 것을 열
심히 공부하고 신문도 열심히 읽는다(신문 읽기가 인생에 도움이 되
지 않는다는 주장은 금융 시장에서는 주류이지만 여기서는 이 문제를 자세히
다루지 않겠다).

이들은 자신들이 알고 있는 회사의 값어치(기본적 분석주의
자들은 이를 '가치' 또는 '내재가치'라고 부른다)보다 시장에서 거래되
는 값어치(기본적 분석주의자들은 이를 '가격' 또는 '시장가격'이라고 부
른다)가 낮은 회사를 찾아다닌다. 그리고 그런 회사의 주식을
찾아 산다. 그리고 (이것이 가장 중요한데) 그 주식이 오를 때까지
기다린다. 한마디로 가격이 가치를 따라잡을 때까지 기다리

는 것이다. 이 기다림이야말로 기본적 분석의 가장 중요한 교리이다. 이들은 기다리지 못하는 사람들에게 믿음이 없다며 비난한다.

어디서 많이 들어본 이야기 아닌가? 그렇다. 어린 시절 농담으로 하던 바늘로 코끼리를 죽이는 방법 가운데 하나이다. 바늘로 코끼리를 죽이는 방법 가운데 한 가지는 일단 바늘로 코끼리를 찌른 다음 코끼리가 죽을 때까지 기다리는 것이다.

기술적 분석주의자들은 그들을 이렇게 비난한다. 시장이 효율적이라면 공돈은 없는 것이다. 그러므로 기본적 분석주의자들이 재무제표 따위를 아무리 열심히 공부해도 그들이 알게 될 사실은 이미 시장이 다 알고 있는 것뿐이다. 그래서 기술적 분석주의자들은 재무제표를 무시한다. 그리고 그들은 소위 '차트'를 가지고 추세를 본다.

다시 말해, 뜨는 주식은 뜨는 방식으로 뜨고, 내리는 주식은 내리는 방식으로 내리는데, 차트를 보면 어떤 것이 뜨는 주식이고 어떤 것이 내리는 주식인지를 알 수 있다는 것이다. 이 패턴을 열심히 보면 주식가격의 흐름을 미리 알 수 있다는 것이다.

그들은 차트를 보다가 뜨는 또는 뜰 것 같은 주식이 보이면 그것을 산다. 그리고 내리는 또는 내릴 것 같은 주식이 보이면 그것을 판다. 혹시 예상대로 되지 않으면 패턴을 잘못 읽은 것이므로 경건하게 차트를 검토해 실수를 찾아내어 같은 실수를 반복하지 않도록 노력한다. 이렇게 계속 노력하다 보면 언젠가 진리의 빛이 그들을 비출 거라고 믿는다. 이것을 바늘로 코끼리 죽이는 방법에 비유하자면, 죽을 때까지 계속 코끼리를 찌르는 것이라고 할 수 있다.

기본적 분석주의자들은 그들을 이렇게 비난한다. 시장이 효율적이라면 공돈은 없는 것이다. 그러므로 기술적 분석주의자들이 차트 따위를 아무리 열심히 공부해도 그들이 알게 될 사실은 이미 시장이 다 알고 있는 것뿐이다.

한마디로 그들은 모두 배가 아픈 거다. 하지만 기술적 분석주의자 중에도 큰돈을 번 사람이 있고, 기본적 분석주의자 중에도 큰돈을 번 사람이 있다.

여기에 최근에 등장한 제3의 별종들도 있다. MIT와 같은 명문대학에서 열심히 물리학이나 경제학 같은 것을 공부하다가 갑자기 월스트리트에 떨어져서 '내가 도대체 여기서 뭘 하고 있는 거지? 나는 내가 선택해서 이곳에 온 것이 아니라 거역할 수 없는 힘에 이끌려 이곳으로 떨어진 것이 틀림없어' 라고 실존적인 고민을 하는 사람들이다. 우리는 앞으로 이런 사람들에 대해서도 알아볼 것이다.

큰돈을 벌고자 하는 인간 군상을 구체적으로 이해하기 전에 알아야 할 기초 지식이 있다. 이것에 대해서는 기본적 분석주의자와 기술적 분석주의자가 모두 동의한다. 하지만 그것을 제대로 이해하고 활용하는 사람들은 별로 없다. 바로 '복리'라는 것이다.

복리란 대체 무엇인가?

MONEY
HACKING

복리라는 말을 꺼내자마자 반발하는 사람들이 있을 것이다. 어떤 사람들은 "복리라니? 지금까지 큰돈 버는 방법에 대해서 말해준다고 하다가 왜 갑자기 다른 소리를 하는 거야? 차라리 길에 떨어진 만 원짜리를 줍지 말아야 한다고 말하는 정신 나간 학자들이나 알려줘. 그 사람들만 따라다녀도 쉽게 공돈을 벌 수 있을 것 같은데 말이지"라고 비난할 것이다. 또 다른 사람들은 "복리라니? 지금부터 남들이 다 아는 이야기를 하겠다는 거야? 인디언이 땅 팔고 받은 돈을 복리로 저축했다면 큰돈을 벌었을 것이라는 등, 아인슈타인이 복리에 대해서 감탄했다는 등, 뭐 그런 이야기를 하겠다는 거야? 이제 레퍼토리가 떨어졌나 보다. 그럴 줄 알았어"라고 비난할 것이다.

그렇다면 내가 왜 복리 이야기를 꺼냈을까? 그것은 이 책이 큰돈을 버는 방법을 연구하고 실천하여 실패하고 성공하는 사람들에 대한 이야기임과 동시에, 큰돈을 버는 방법에 대한 이야기이기 때문이다. 때문에 먼저 큰돈을 벌고자 하는 사람들에게 도대체 얼마나 벌어야 큰돈을 벌었다고 할 수 있는지를 알려주어야 한다.

　돈이나 금융에 대해서 공부할 때 가장 중요한 것이 두 가지가 있는데, 바로 시간과 불확실성이다. 먼저 시간이라는 개념을 분명히 이해해야 하는데, 시간은 비가역성이라는 특징을 가진다는 사실이다. 쉽게 말해 시간은 되돌릴 수 없다는 뜻이다. 이것은 돈이나 금융뿐만 아니라 모든 일에 적용된다. 그런데 복리야말로 돈과 금융에 있어서 비가역성의 핵심이 되는 개념이다. 이 말은 노벨 경제학상을 받은 뒤 롱텀캐피털매니지먼트라는 펀드회사를 만들어 성공하는 듯하다가 크게 실패하여 금융위기를 몰고 온 로버트 머튼이 한 말이다. 이 사람 때문에 월스트리트에서는 "평민은 작게 따고 작게 잃지만, 진정한 천재는 크게 잃고 대규모 금융위기를 가져올 수 있다"는 말이 생겼다.

　우리가 복리에 대해서 배워야 하는 첫 번째 이유는 바로 이것이 돈을 벌려고 할 때 벤치마킹할 수 있는 다시 말해, 성과를 비교할 수 있는 기준이 되기 때문이다. 흔히 돈을 좀 벌고 나면 이런 궁금증이 생긴다. '주식 투자를 해서 이만큼 벌었는데, 옆집 길동이는 얼마나 벌었을까?' 하지만 복리를 알고 나면 이런 궁금증 때문에 시간을 낭비하지 않아도 된다. 사람들이 이런 생각으로 시간을 낭비하는 가장 큰 이유는 큰돈을 벌겠다는 결심만 하고 구체적인 목표를 세우지 않기 때문이다. 하지만 복리를 제대로 알고 나면 옆집 길동이보다 더 많이 벌자는 외부 기준이 아니라, 자기 돈을 어떻게 불려야겠다는 동기와 내부 기준이 생긴다.

두 번째 이유는 이것이 채권시장을 이해하는 지름길이기 때문이다. 많은 사람들이 큰돈을 버는 것에만 관심이 있지 채권시장에는 관심이 없다고 말하겠지만 이것을 이해해야 하는 이유가 있다. 복리라는 개념을 이해한 사람들은 기본적 분석주의자나 기술적 분석주의자들이 아니다. 그들은 한마디로 세상을 숫자로 이해하는 사람들인데, 그들은 숫자의 변동성이 너무 심해서 도저히 일관된 규칙을 찾을 수가 없는 주식시장을 너무나도 싫어했고 대체로 채권을 더 좋아했다. 이 사람들이 세상을 이해하는 출발점은 바로 복리였다. 역설적으로 이 사람들은 대체로 수학 말고는 아는 것이 거의 없지만 주식시장에 미치는 영향력은 엄청났고 지금도 역시 그러하다. 단적인 예로, 1987년의 금융시장의 파국은 이 사람들의 행동습성을 알지 않고는 도저히 이해할 수 없다.

이 사람들의 행동습성과 관련하여 귀가 솔깃해질 이야기가 하나 있다. 1987년 주식시장이 파국으로 치닫기 얼마 전, 이 사람들의 행동습성을 이해한 다음, 그걸 역이용해서 모든 사람이 망가질 때 큰돈을 벌고 멋지게 은퇴해 요트를 타고 세계여행을 하며 노는 사람이 몇 명 있었다. 이렇게 수학으로만 금융을 이해하려는 사람들 중에 하나가 리처드 북스태버이다. 그는 수학만을 이용해 큰돈을 버는 모델을 만들고 있었고, 모건 스탠리라는 금융회사에서 일하고 있었다.

당시 옵션 세일즈맨으로 같은 회사에서 일하던 피터 팔메도는 이런 사람들의 습성이 궁금해져서 어느 날 리처드 북스태버에게 와서 아주 상세히 물어보았다. 그리고 1987년 금융위기가 일어나기 직전에 자기 돈 6만 달러(약 6천만 원)를 투자했고, 몇 주 뒤에 그 돈은 7백만 달러(약 70억 원)로 불어났다. 그 후 그는 27살의 나이로 은퇴했다(이 이야기는 나중에 자세하게 할 것이다). 여기서 우리는 다른 사람들의 습성을 세심하게 연구하면 큰돈을 벌 기회는 생각보다 가까이에 있다는 것을 알 수 있다. 이렇게 다른 사람들의 습성을 연구하는 첫 걸음이 바로 복리를 연구하는 것이다.

복리의 마술을
연구한 사람들

그런데 이 사람들의 행동습성은 '길에 떨어진 만 원짜리는 줍지 않는다' 는 인생철학과 너무 비슷하다. 그리고 그들의 영향력은 너무나 커 요즘도 금융시장을 좌지우지한다. 지피지기면 백전백승이라는 말처럼 이들의 습성을 이해하는 것이 길에 떨어진 만 원짜리는 줍지 않는다는 주장을 하는 학자들을 따라다니는 것보다 더 이익이 될 것이다. 그 출발점이 바로 복리이다.

사실 복리는 어려운 수학이 아니기 때문에 누구나 이해할 수 있다. 하지만 또 많은 사람들이 실수를 한다. 심지어 찰스 다윈도 복리 때문에 실수를 했다. 다음은 그가 쓴 『종의 기원』에 나오는 이야기이다. 이 책의 초판에는 숫자 계산 실수가 있었는데 다음 판에서 교정되었다.

찰스 다윈은 가장 천천히 번식하는 동물로 알려진 코끼리의 최소 자연 증가율을 추정하느라 애를 먹었다. 추정을 위해 코끼리는 30세부터 90세까지 암수 3마리씩 번식한다고 전제했다. 하지만 이것이 사실이라면 코끼리가 번식을 시작한 후 다섯 번째 세기말에는 1500만 마리가 한 쌍에게서 이어져올 것이다.

이 외에도 복리의 마술에 매혹을 느껴 열심히 연구한 사람들이 있다. 수학자 오일러, 과학자 아인슈타인, 그리고 현대 정보이론의 창시자 클로드 섀넌과 그의 제자인 에드워드 소프 등이다(이 사람들을 몰라도 낙담할 필요는 없다. 앞으로 자세히 알려줄 것이다). 한 가지 신기한 것은 이들이 이 미묘한 복리의 마술과 관련하여 큰돈을 버는 방법에 대한 과학을 왜 만들어내지 않았을까 하는 것이다. 혹시 큰돈을 버는 방법만큼은 며느리에게도 가르쳐주지 않겠다는 마음이 아니었을까.

투자 기간의 중요성

M O N E Y
H A C K I N G

지금까지 이 책에 나온 것들을 모두 잊더라도 복리에 대해서는 반드시 기억해야 한다.

월스트리트의 전설, 오마하의 현인 등으로 불리고 큰돈을 번 사람으로 가장 존경받는 워렌 버핏의 예를 들어보자. 만약 여러분이 워렌 버핏이 투자를 시작한 1956년에 1천만 원을 투자했다면, 1995년에 그 돈은 1천 250억 원이 되었을 것이다.

그렇다면 워렌 버핏이 번 돈을 복리로 계산했을 때 연리 몇 퍼센트로 늘어난 것일까? 바로 그의 수익률은 복리 29.2퍼센트이다. 만약 복리 30퍼센트로 수익을 올린다면 40년이 지나면 원금은 자그마치 1천 배가 크게 넘는 돈이 되어 있을 것이다.

앞서 말한 인디언 이야기를 예로 들어보자. 1626년 5월 24일 아메리칸 인디언이 피터 미누이트에게 24달러가량의 가치가 있는 장신구와 물건을 받고 맨해튼 섬을 팔았다. 이 24달러에 대하여 연 8퍼센트 복리로 이자가 지급되었다면, 380여 년이 지난 지금 그 돈은 120조 5,700억 달러가 된다. 이 금액을 찬찬히 비교해보라. 약 30퍼센트의 복리로 40년을 투자하면 대략 1천 배의 가치가 되지만, 약 8퍼센트의 복리로 380년 정도를 투자하면 12조 배가 넘는 가치가 되는 것이다.

따라서 복리에서 가장 중요한 것은 바로 얼마나 오래 투자하느냐 하는 것이다. 코끼리를 죽을 때까지 찌르면서 기다리는 기본적 분석주의자들의 논리와 적어도 표면적으로 일맥상통한다. 기본적 분석주의자들은 이 기다림의 교리를 강론하면서 복리의 마법에 대해서 항상 이야기를 한다.

이 기다림에서 더 중요한 것은 시간일까 이자율일까? 두말할 것도 없이 시간이다. 큰돈을 버는 데 있어서 시간이 끼치는 영향력은 너무 중요하기 때문에 이율은 상대적으로 덜 중요한 것이 된다. 인디언과 워렌 버핏을 비교해보라. 결국 금융에서 가장 핵심적으로 이해해야 하는 개념은 바로 '시간'이다.

이 말을 증권사 직원이 펴낸 책처럼 가능한 한 빨리 투자를 시작하라는 뜻으로 오해하지는 말라. 나는 이런 말을 하는 사람들을 보면 가능한 한 빨리 도망가야 한다고 생각한다.

첫째, 그런 사람들의 말을 따라 서둘러 투자를 하면 어쨌든 그런 사람들에게는 투자수수료 등이 남기 때문이다.

둘째, 이런 이야기를 들으면 '아, 내가 10년 전에 이걸 시작했어야 하는 건데' 하며 후회하게 되기 때문이다. 그런 이야기는 안 듣는 편이 더 낫다. 어차피 시간은 불가역적이다. 기억하라.

물론 일찍 시작하면 좋다. 하지만 두 가지 주의점이 있다.

첫째, 시간은 되돌릴 수 없다는 것이다. 사람들은 아인슈타인이 "20세기 최고의 발견은 바로 복리"라고 말했을 때도 그 말이 복리의 중요성을 강조하거나 천하의 석학도 돈에 대해서는 이해하지 못했다는 의미로만 이해한다. 나는 아인슈타인이 복리가 상대성원리나 우주론의 중요한 한 가지 측면을 이야기한 것이라고 생각한다. 결국 복리도 한쪽 방향으로만(미래를 향해서만) 흘러가는 것이고, 이것은 시간은 되돌릴 수 없다는 말과 같다. 참고로 불가역성은 아인슈타인의 상대성원리 못지않게 열역학의 핵심 교리이다.

둘째, 먼저 시작한 사람이 반드시 유리한 것은 아니다. 그 이유는 아주 많은 사람들이 엄청나게 어리석은 짓을 하기 때문이다. 내 주변에도 중국 관련 펀드에 투자했다가 원금의 반 이상을 손해 본 사람들이 많다. 이런 사람들은 잘될 것 같을 때에는 물어보지도 않고 시작했다가 막상 실패하고 나면 우는 소리를 한다. 어쨌든 이들은 돈을 잃은 것 이상으로 시간을 잃었다는 측면에서 크게 실패했다.

다시 말해, 워렌 버핏 같은 경이적인 투자 기술을 가지고 있어도, 손해 본 반을 복구하려면 복리 30퍼센트로 계속 투자해도 꼬박 3년이 걸린다. 만약 여러분이 이 정도 손실을 보았다면 3년이라는 피 같은 세월을 손해 본 것이다. 50퍼센트의 손실을 내는 것은 순식간이지만, 그걸 복구하기 위해서는 자그마치 200퍼센트의 수익률을 올려야만 원금이 보존되는 것이다.

이와 비슷한 상황은 1990년대 말 벤처붐에서도 많이 나타났었다. 벤처붐이 거품으로 무너졌을 때, 자그마치 90퍼센트 심한 경우에 99퍼센트까지 손실이 난 주식이 많이 나왔다. 이런 위기가 찾아오면 사람들은 이렇게 묻는다. "원금이 90퍼센트가 손실이 났는데, 이걸 계속 가지고 있어야 하나요? 아니면 팔아야 하나요?"

이때 아무런 내부자 정보가 없다는 가정 하에서, 문제를 이렇게 바꾸어보자. 원금의 90퍼센트가 손실이 난 주식이 원금 수준이 되려면 자그마치 1,000퍼센트의 수익률을 올려야 된다. 그리고 원금의 99퍼센트가 손실이 났다면 자그마치 10,000퍼센트의 수익률을 올려야 된다. 워렌 버핏은 복리 연 30퍼센트의 수익률을 계속 냈고 그로 인해 월스트리트에서 신 대접을 받는데, 절대로 돈을 잃지 말라는 워렌 버핏의 교리를 무시하고, 자그마치 원금의 90퍼센트를 잃은 사람이 1,000퍼센트의 수익률을 올릴 수는 없을 것이다.

이렇게 문제를 뒤집어보면 결론은 간단해지는 것이다. 그래서 워렌 버핏은 이렇게 말했다. "큰돈을 버는 두 가지 비결이 있다. 첫째, 절대로 돈을 잃지 않는 것이고, 둘째, 그 첫 번째 원칙을 목숨을 걸고 지키는 것이다."

세금을 내는 시점의
중요성

이번에는 다른 경우를 살펴보자. 만약 같은 돈으로(1억 원) 같은 기간 동안(10년) 같은 수익률로(복리 30퍼센트) 수익을 올렸는데, 한 사람은 10년 동안 세금이나 다른 비용을 내지 않고 있다가 10년이 지나서 청산하여 수익에 대하여 20퍼센트의 세금을 내고, 다른 사람은 매년 수익에 대하여 20퍼센트라는 똑같은 세율로 세금이나 다른 비용을 낸다고 가정했을 때, 두 사람의 수익의 차이는 어떻게 달라질까. 결과는 다음과 같다.

1. 10년 후 수익에 대하여 20퍼센트의 세금을 낼 때: 10년 후 가지게 될 돈은 13억 7858만 원($1.3^{10}*1,000,000$)이고, 세금을 내고 남는 돈

은 11억 2286만 원$((({1.3}^{10}) - ((({1.3}^{10})-1)*0.2))*100000000)$이다.

2. 매년 20퍼센트라는 세율로 세금을 낼 때: 세금을 내고 남는 돈
은 8억 5944만 원$((({1.3-(0.3*0.2)})^{10})*100000000)$이다.

자그마치 2억 6342만 원이 차이가 난다. 다시 말해 세금이나 다른 비용, 수익성 같은 다른 조건이 모두 똑같다는 가정 하에 주식 투자와 부동산 투자를 비교했을 때, 부동산은 집을 팔 때 한 번만 내고 주식은 매년 내기 때문에, 비용 측면에서만 보자면 부동산이 보다 유리하다는 것이다. 물론 이 가정은 지금 상황에는 맞지 않는다. 현재 우리나라에서는 상장주식에 투자할 경우에는 자본소득세를 내지 않기 때문이다. 결국 복리를 제대로 이해하는 사람이라면 비용뿐만 아니라 비용 지불 시기에도 민감하게 주의를 기울여야 한다. 앞서 말한 것처럼 이자율보다 중요한 것은 시간이기 때문에, 여기서도 어떤 의미에서는 비용보다도 '언제 냈는가' 하는 것이 더 중요하다.

그러므로 어떤 투자를 하던지 세금과 비용에 대해서 철저하게 확인하고 총 투자기간이 예상 투자율에 대하여 미치는 영향을 철저하게 비교 검토해야 한다. 앞서 예로 들었던 펀드 투자로 크게 손실이 난 사람들은 대부분 해지수수료가 아까

워서 그냥 유지한 것인데, 투자를 하기 전에 철저하게 확인해 보았다면 이런 일은 막을 수 있었을 것이다.

이미 이런 상황에 처했다면, 상황을 뒤집어서 생각해보아야 한다. 다시 말해, 펀드 투자를 해서 50퍼센트의 손실이 났는데 해지수수료도 아깝고 원금이 복구할 때까지 유지하고 싶다면 지금부터 몇 퍼센트의 수익이 나야 원금이 복구되는지를 계산해보라. 그리고 과세나 비과세도 철저하게 따져 보아야 한다. 펀드의 경우에는 이보다 더 중요한 것이 펀드 운용사가 얼마나 수수료를 가져가는가 하는 것이다.

왜냐하면 세금은 최종적으로 돈을 돌려받을 때 내기도 하지만(특히 정부에서 펀드를 양성하려고 할 때), 수수료는 매년 일정 비율로 부과하는 것이 보통이기 때문이다. 그러므로 1억이 매년 30퍼센트로 10년간 수익을 올렸을 때 매년 세금을 내는 것과 나중에 세금을 내는 것의 차이를 항상 염두에 둬야 한다. 세율도 중요하지만 세금을 언제 내느냐 하는 것도 중요하다. 아인슈타인도 말한 것처럼 복리가 20세기 가장 위대한 발견이라면, 그 이유는 바로 시간은 되돌릴 수 없기 때문이다.

워렌 버핏은 어떻게 큰돈을 벌었나?

지금까지 우리는 복리에 대해 자세히 배웠다. 어떤 사람들은 내가 워렌 버핏 스타일의 가치투자를 이야기하려고 한다고 생각할 수도 있을 것이다. 하지만 지금부터는 보충수업으로 글의 흐름과 직접적인 관련은 없지만, 반드시 알아두어야 할 사람과 투자기술에 대해 배우게 될 것이다. 흔히 워렌 버핏은 가치투자로 큰돈을 벌었다고 하는데, 통설에 따르면 가치투자란 다음과 같다.

1. 엄밀히 말해 복리 이야기는 가치투자의 핵심이 아니다. 오히려 앞서 말한 장기보유 이야기의 논리적 근거이다.
2. 가치투자는 가치에 비해 저평가된 주식을 매수하여 제대로 평가를 받을 때 매도하는 것이다.
3. 매수 후 보유하는 전략은 앞서 말한 코끼리가 죽을 때까지 바늘로 찌르는 것과 같다.

사실 워렌 버핏의 방법은 가치투자와는 상당한 차이가 있다. 그리고 워렌 버핏의 방법을 그대로 따라한다고 해서 큰돈을 벌 수 있는 것도 아니다. 좀 더 자세히 알아보자. 만약 가치투자가 앞의 정의와 비슷한 것이라면, 솔직히 가치투자는 우리나라에서는 하면 안 된다. 첫째, 복리 이야기의 핵심은 비용을 가능한 적게 내고 세금은 가능한 적게 그리고 가능한 늦게 내 복리 효과를 최대한 높이자는 것인데 요즘 우리나라에는 비과세 상품도 아주 많다. 게다가 거래수수료도 워렌 버핏이 활약하던 미국과는 비교가 되지 않는 수준으로 적다. 또 한국에서는 상장주식에 투자할 경우에는 자본소득세를 내지 않는다. 수익을 최대화하려면 최대한 절약하라는 명언은 요즘 우리나라에서는 설득력이 없다. 비용 효과를 줄이기 위해서 장기적으로 보유할 이유는 워렌 버핏이 살았던 미국과 비교해서는 아주 적다. 워렌 버핏이 말한 가치투자를 제대로 이해하기 위해서는 먼저 워렌 버핏의 생애와 그가 돈을 번 방법을 꼼꼼하게 되짚어보아야 한다.

워렌 버핏은 1930년 네브래스카 오마하에서 태어났다. 거의 평생을 오마하에서 살았기 때문에 오마하의 현인이라고 한다. 그는 하버드 경영대학원에 응시했지만 떨어졌고, 컬럼비아 경영대학원에 입학하여 오랫동안 존경해왔던 『현명한 투자자』의 저자 벤저민 그레이엄 밑에서 공부했다. 졸업 후 그에게 취직시켜달라고 졸랐지만 거절당하고 오하마로 돌아와 투자클럽을 만들었다. 당시 대부분의 투자조합에서 운영자들은 1~1.5퍼센트 정도의 수수료를 받았지만, 워런 버핏은 자신감 때문이었는지 '채권수익률/시장평균수익률'을 상회하는 수익의 $\frac{1}{4}$을 수수료로 챙겼다. 초창기에는 주로 아비트라지 그리고 인수합병이나 청산을 앞둔 기업을 사서 쪼개서 팔거나 다른 회사에 파는 전략에 투자했다. 이것은 영화 〈프리티 우먼〉에서 남자 주인공 에드워드 루이스가 하던 일이다.

영화의 여주인공 비비안 워드는 에드워드 루이스에게 직업이 뭐냐고 묻는데, 그는 은행이나 투자자들로부터 돈을 받아서 어려움에 처한 회사를 싼 값에 사는 것이라고 말한다. 그러자 그녀는 "그러면 당신은 아무것도 만들지 않는 거네?"라고 묻고, 그는 그렇다고 말한다. 그녀가 회사를 사면 어떻게 하냐고 묻자 그는 회사를 잘게 쪼개서 판다고 말한다. 부분이 갖는 가치가 전체가 갖는 가치보다 크다는 것이다. 그러자 그녀는 "그럼 그건 차를 훔쳐서 부품을 파는 것과 비슷한 것이겠네?"

라고 말하고, 그는 비슷하지만 합법적인 것이라고 말한다. 나는 가치투자의 기본전제 및 워렌 버핏의 스타일을 보면, 왠지 모르게 〈프리티 우먼〉의 에드워드 루이스가 생각난다.

워렌 버핏의 전성기는 1969년에 찾아왔다. 그는 1960년대 후반부터 증시가 과열되자 이에 대해 계속 우려를 표명했고 1969년에는 투자조합을 해산했다. 하지만 그가 투자조합을 해산할 무렵에는 이미 대안적인 투자조직에 대한 구상을 마쳤을 것이다. 요즘 워렌 버핏 하면 버크셔 해서웨이와 거의 동일시하지만, 그가 버크셔 해서웨이의 주식을 매입하기 시작했던 1962년 무렵에 그는 이 회사를 장기적으로 끌고 갈 생각이 없었을 것이다. 그는 전형적인 가치투자의 접근법을 채택하여 회사의 영업자본의 절반 정도의 규모로 주식을 살 수 있었기 때문에 이 회사의 주식을 매입했을 것이다. 그 이유는 가치투자에서 이야기하듯이 주가가 장부가까지만 다시 올라가줘도 수익이 남기 때문이다.

워렌 버핏의 가치투자

MONEY
HACKING

여기서 잠시 가치투자에서 말하는 가치에 대해서 이야기해보자. 가치투자 이야기를 처음 들으면 마치 플라톤의 이데아 이론처럼 들릴 수 있다. 예를 들어 살펴보자. 세상에는 완벽한 삼각형이 존재하지 않지만, 수학에는 완벽한 삼각형이 존재하며, 이를 기초로 해서 수학이 발전한다. 마찬가지로 세상에는 완벽한 '가치'란 없다. 다만 세상에 존재하는 삼각형이 수학에 존재하는 완벽한 삼각형을 모방하고 따라가듯이, 세상에서 통용되는 '가격'이 '가치'를 따라가게 마련이다.

그렇다면 세상에는 존재하지 않고 가치투자자의 머릿속에만 있는 가치란 도대체 무엇인가? 이에 대해 가치투자자들은 재무제표에서 찾아낼 수 있는 장부가치 또는 청산가치라는 개념을 사용한다. 이것이 가치투자자를 수학자와 같은 이상주의자에서 돈만 아는 현실주의자로 바꾸어놓는다. 결국 가치는 회사를 단일회사로 유지하지 못하는 상황에서 회사를 청산하거나 다른 곳에 팔아야 할 때 받을 수 있는 돈이다. 즉, 가치란 회사가 더 이상 회사로 존립하지 못할 때 받을 수 있는 최소한의 돈이다. 이 이야기는 워렌 버핏을 조금 더 따라다니면서 구체적으로 배워보자.

워렌 버핏은 1962년 버크셔 해서웨이 주식을 샀다. 이유는 버크셔 해서웨이의 주식을 영업자본의 절반 수준에 매입할 수 있었기 때문이었고, 벤저민 그레이엄이 이야기하듯이 대차대조표 상의 가치까지만 올라가더라도 아주 쉽게 세 자리 수익률을 올릴 수 있었기 때문이었다. 이것은 전형적인 가치투자 접근법을 채택한 것이다. 하지만 영업자본의 절반 수준에서 주식이 매매되고 있다는 것은 결국 그 회사가 부실기업이라는 뜻이다. 결국 가치투자에서 말하는 추천 기업은 엄밀히 말해 부실기업일 수밖에 없다.

따지고 보면, 장부가보다도 낮은 가격에 주식을 판다는 것은 그 회사에 뭔가 문제가 있다는 이야기일 수밖에 없는 것이다. 사람들은 IMF 때 싼값에 유수한 한국 기업들을 사두었다가 적당한 구조조정을 거치고 나서 또는 적당한 시간이 지나고 나서 비싼 값에 되팔아 큰 수익을 남긴 회사들(우리는 이들을 너무나도 미워해서 헤지펀드라고 부른다)을 많이 이야기한다. 그리고 이들을 비난한다. 사람들이 워렌 버핏을 비난하지 않는 것은 참 신기한 일이다. 하지만 이런 사람들은 좋게 부르는 이름이 바로 가치투자자이다.

1965년까지 워렌 버핏은 버크셔 해서웨이 주식의 49퍼센트를 매집했다. 그리고 경영권을 장악했다. 그 전에 그는 1967년 매사추세츠에 있던 섬유회사였던 버크셔 해서웨이로 하여금 오마하에 있던 내셔널 인뎀니티라는 보험회사를 인수하게 했다(이것이 현금 흐름과 담보력이 좋은 보험사라는 사실에 주목하자). 그 후 그는 인생을 바꾸는 중요한 결심을 한다. 바로 1969년에 자신의 투자조합을 청산한 것이다. 그러고는 자신에게 투자했던 투자자들에게 버크셔 해서웨이의 경우에는 주식이나 현금 중에 하나를 선택할 수 있는 옵션을 주었다. 그러니까 이미 버크셔 해서웨이에 대한 밑그림이 그려져 있었던 것이다. 1970년 그는 버크셔 해서웨이의 회장에 취임한다.

원래 가치투자자의 관점에서 본다면 이것을 가치투자라고 부르는 것은 거의 신성모독이다. 우리나라에서는 워렌 버핏의 영향으로 가치투자가 장기투자와 비슷한 말로 받아들여지고 실질적으로도 가치투자자는 장기투자를 하지만, 원래 가치투자에서는 가격이 오르면 팔아야 한다. 가치투자에서 가장 경계하는 것이 바로 자기가 보유하고 있는 주식과 사랑에 빠지는 것이다. 아무리 주식을 사랑해봤자 주식은 우리를 사랑하지 않기 때문에 결국 주식을 사랑하는 것은 비극적인 짝사랑이라는 것이다. 워렌 버핏은 자기가 보유한 주식을 너무 사랑한 나머지 그 주식을 먹어버렸다.

여기서 자칭 타칭 가치투자자인 바턴 빅스의 『투자전쟁』에 나온 말을 인용해보자.

가치투자자는 자기가 매수한 주식과 사랑에 빠지지 않는다. 이들은 자기가 소유하고 있는 못생긴 기업의 주식 시세가 올라서 실질 가치보다 높은 가격으로 팔 수 있게 되면 얼른 팔아버린다. 그리고 다시 가격이 싼 주식을 찾아 나선다. 성장주 투자자들은 번듯하고 내로라하는 기업들을 보유 자산으로 구성하는데 비해 가치투자자들은 주가가 싸고 현재로서는 볼품없는 기업들을 보유 자산으로 구성한다. 가치주를 정의하면, 투자자들이 회의적인 시선으로 바라보기 때문에 자산 가치나 수익 능력에 비해서 가격이 싼 주식을 말한다. 이런 가치주에는 늘 나쁜 소식이 따라다니게 마련인데, 투자자들은 확인되지 않은 사실을 확인된 기정사실로 받아들이는 경향이 있기 때문에 이들은 이 나쁜 소식들이 앞으로도 계

속될 것이라고 믿는다. (중략)

벤저민 그레이엄은 가치투자의 아버지라고 할 수 있다. 워렌 버핏은 비록 대형 상표가 가지고 있는 무형의 가치를 포함하기 위해서 그레이엄이 설정한 내재적 가치의 정의를 확장하긴 했지만 기본적으로 그레이엄을 뒤엎었다. 버핏은 비록 모순적 투자 행위이긴 하지만 자기 소유의 버크셔 해서웨이 사의 엄청난 규모의 자본 구성 때문에 어쩔 수 없이 만기 보유 전략을 구사하는 가치투자자가 되었다. 그는 비싼 가격이라도 좋은 회사의 주식을 사고 싶다고 말한다. 그는 자유로운 현금 흐름이 가능하다고 생각하는 제품들을 생산하는 기업을 선호한다. 하지만 기술주는 이러한 기준에 맞지 않기 때문에 버핏은 기술주는 보유하지 않았다. 벤저민 그레이엄은 사람들은 일반적으로 안전 마진을 확보하고 있는 보통주를 원한다고 설파했다. 이 마진(수익)은 사람들이 어떤 회사의 주식을 매수하면서 지불하는 가격보다 훨씬 높은, 현금화될 수 있는 그 회사의 자산 가치 때문에 발생하는 것이다. 정확한 정보를 아는 사람이라면 이 자산 가치를 인정하고 그에 합당한 가격에 주식을 매수할 것이기 때문이다.

버크셔 해서웨이의
비밀

사실 워렌 버핏이 일반적인 가치투자자의 수익을 훨씬 뛰어넘는 성과를 올린 비밀은 바로 버크셔 해서웨이에 있었다. 보다 구체적으로는 버크셔 해서웨이가 일반적인 투자회사가 아니라는 점에 있었다. 이 섬유 회사는 인수합병 전략을 통해 버핏이 경영권을 장악할 무렵에는 이미 보험회사가 되어 있었다. 보험회사의 비밀은 바로 현금 흐름이 아주 좋다는 것이다. 계속 보험금이 들어오기 때문이다. 여기까지는 모두가 알고 있는 사실이다.

하지만 많은 사람들이 몰랐던 사실은 바로 미국에서 보험회사는 연방법의 적용을 받지 않는다는 것이었다. 버핏은 이 사실을 알고 있었다. 버크셔 해서웨이는 오마하가 있는 네

브래스카 주에 있었다. 버핏은 일찌감치 네브래스카 주 보험
국과 평가기관으로부터 재투자 범위를 수익률이 높은 다시
말해, 위험이 높은 증권으로 넓힐 수 있는 권한을 받았다(앞서
말했듯이 보험사가 연방법의 규제를 받지 않기 때문에 이렇게 할 수 있었던
것이다).

그래서 그는 다른 보험사와는 달리(대부분의 보험사는 안정성
이 높은 채권 등에 투자한다) 뛰어난 현금 흐름과 이 현금 흐름에 자
동으로 따라오는 높은 차입능력(돈을 빌릴 수 있는 능력)을 주식,
채권, 전환권이 있는 우선주 등에 투자하거나 기업을 인수하
는 용도로 사용할 수 있었다. 이런 능력은 버핏이 계속 투자
클럽을 운영했거나 네브래스카를 떠나 뉴욕이나 캘리포니아
등으로 갔더라면 활용할 수 없는 조건이었을 것이다.

한 걸음 더 나아가 그는 버크셔 해서웨이를 다른 보험사
처럼 운영하지도 않았다. 보험 자본금이 100억 달러일 때에
도 그는 보험 증권을 아주 낮은 수준인 10억 달러 수준에서만
발행했다.

이렇게 하여 지급준비금을 크게 뛰어넘는 자유 자본을 가
질 수 있었고, 보수적인 채권이나 투자적격 등급 주식에만 투
자해야 한다는 보험회사의 제약에서 자유로울 수 있었다. 그
는 이런 자유 자본금을 코카콜라, 아메리칸 익스프레스, 질레

트, 프레디 맥, 웰스파고, 가이코, 살로몬, 트래블러스, 캐피탈 시티스, ABC, 디즈니, 워싱턴 포스트, US 에어, 제너럴 다이내믹스, 개닛, M&T 뱅크, PNC 뱅크 등에 투자했다. 보험뿐만 아니라 제조, 소매, 서비스, 금융 등에 걸쳐 아주 많은 자회사를 가지게 되었다.

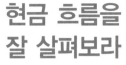

현금 흐름을
잘 살펴보라

이제 조금 재미있는 이야기를 해보자. 앞의 이야기를 요약하자면 워렌 버핏은 버크셔 해서웨이를 중심으로 한 대규모 주식투자 및 인수합병 전략을 통하여 일반적인 가치투자자들이 결코 달성할 수 없는 성과를 이룩한 것이다. 그가 가치투자자가 아니라는 뜻도 아니고 그가 한 일이 가치투자라는 종교의 밀교라거나 그가 가치투자교의 이교도라는 뜻도 아니다. 다만 그가 한 일이 가치투자라기보다는 당시로서는 획기적인 사업 모델이었다는 것이다.

사람들은 빌 게이츠는 새로운 사업 모델로 큰돈을 벌었다고 생각하고, 워렌 버핏은 전통적인 방법인 가치투자로 큰돈을 벌었다고 생각한다. 빌 게이츠가 사람들에게 판 것은 이전에는 없었던 것이었기 때문이다. 하지만 따지고 보면 빌 게이츠도 운영체제라는 새로운 상품으로 큰돈을 벌었다기보다는 새로운 사업 모델로 큰돈을 번 것이다. 그것은 바로 개인이 운영체제를 사용하려면 그 운영체제를 만든 사람에게 돈을 내야 한다는 모델인 것이다. 그리고 워렌 버핏도 가치투자로 큰돈을 번 것이라기보다는 규제에서 벗어나 교묘한 방법으로 보험회사의 막강한 현금 흐름을 새로운 사업(가치투자식으로 발굴한 사업)을 인수합병하거나 잘 나갈 것이 확실한 회사에 초장기투자하는 데 사용하는 사업 모델로 큰돈을 벌었다.

사업 모델이란 바로 이런 것이다. 이 이야기는 여기서 접어두고 워렌 버핏이 보는 가치투자에 대하여 좀 더 덧붙여 보자.

이쯤 되면 눈치 챘겠지만, 가치투자자들이 보통 가치투자에서 (가격 대비) 가치가 좋은 상품을 발굴하는 비결은 장부가치나 청산가치라는 현미경을 이용하는 것이다. 그러므로 재무제표를 열심히 들여다보아야 한다.

청산가치는 회사가 더 이상 회사로서 존립할 의미가 없어져서 회사를 완전히 해산하거나 다른 회사에 팔 때 받을 수 있는 값어치이다. 회사를 완전히 해산하면 무슨 일이 벌어지는가? 회사가 가지고 있는 재산 다시 말해, 자산을 시장에 내다 파는 것이다. 한 덩어리 회사의 주식을 파는 것이 아니라 회사의 자산을 쪼개서 파는 것이다. 이런 전략을 염두에 두고 있다면 애초부터 자산의 가치를 눈여겨봐야 한다. 그리고 이 자산의 가치를 보통 장부가치라고 한다.

그런데 만약 팔려고 하는 회사가 자산은 거의 없는 서비스 회사라면 어떻게 할 것인가? 좀 더 구체적으로 자산이라고 해봐야 칠판이나 책상만 있는 학원이나 컴퓨터와 책상만 있는 보험판매 대리점이라고 생각해보자. 자산 가치라고 해봐야 정말로 아무것도 없다. 이런 회사의 자산은 서비스 네트워크, 브랜드 네임, 고객 명단 등이다.

여기서 가치투자의 개념을 애매하게 받아들이는 사람들은 "아하! 그래서 브랜드와 기업 평판 같은 것을 중시하는군!"이라는 결론을 내리겠지만(물론 그런 측면도 없지 않지만), 가치투자를 하는 사람들은 절대로 그렇게 멍청하지 않다. 워렌 버핏이 절대로 기술주 특히 인터넷관련 주식에는 투자하지 않았다는 점을 상기하라.

여기서 내가 강조하고자 싶은 것은 바로 현금 흐름이다. 브랜드는 너무나도 주관적이고 기업 평판은 플라톤의 삼각형에 비하면 너무나도 찌그러져 있다. 애매한 말이지만 현금 흐름은 그렇지 않다. 현금 흐름은 기업 가치의 최소한의 보장이고 워렌 버핏이 버크셔 해서웨이를 통해서 몸소 보여준 것처럼, 현금 흐름이 좋다는 것은 상당한 차입금을 사용할 수 있다는 뜻이다. 그러니까 레버리지를 엄청나게 높일 수 있다. 레버리지에 대해서는 나중에 상세히 이야기할 것이다. 여기서는 회사의 청산가치라는 말을 다른 말로 하면 장부가 또는 현금 흐름이라는 것만 기억하자.

PER과 PBR

MONEY
HACKING

한 가지 주의할 점은 이런 기업의 가치라는 것은 현재 가격과의 비교를 통하여 의미를 갖는다는 것이다. 그런데 재무제표에는 현재의 주가 상태는 반영되지 않는다. 그렇다면 현재의 주가와 재무제표를 한눈에 보여주는 방법이 없을까? 이것을 고민하다 만든 숫자가 바로 PER, PBR, EPS 같은 개념이다. 주식 좀 한다는 사람 치고 이런 개념을 모르는 사람은 없을 것이다. 하지만 주식 좀 한다는 사람 치고 이런 개념을 제대로 알고 있는 사람은 거의 없다. 주식투자하기도 바쁜데, 이런 개념을 언제 배우고 있겠는가. 하지만 이렇게 어설프게 알고 행동하면 손해 보기 쉽다.

여기서는 우선 간단하게 의미만을 살펴보자. 나중에 보다 상세히 설명하면서 왜 가치투자에서 이런 개념들을 자주 이야기하는지 설명할 것이다.

PER이란 P(price: 주가)를 E(Earning: 수익)로 나눈 것이다. 여기서 수익은 현금 흐름과 완전한 등치관계는 아니지만 제법 좋은 대체물이다. PER이 높다는 것은 현재의 주가가 회사의 수익보다 높거나 현재의 주가에 비해 회사의 수익이 낮다는 뜻이다. 그러므로 좋은 가치투자의 후보라고 볼 수 없다. 반대로 PER이 낮다는 것은 현재의 주가가 수익보다 낮거나 현재의 주가에 비해 회사의 수익이 높다는 것이다. 당연한 이야기이다. PBR도 마찬가지로 설명할 수 있다. B(Book value: 장부가)가 높거나 주가가 낮은 회사의 PBR은 낮고, 반대로 장부가가 낮거나 주가가 높은 회사의 PBR은 높다.

가치투자자들 사이에서는 가끔 PER과 PBR 중에서 무엇이 더 중요한지를 놓고 종교전쟁 같은 전투가 벌어진다. 마치 유닉스 해커들이 이맥스와 vi 중에서 무엇이 더 좋은지를 두고 싸우는 것과 비슷하다. 내가 보는 관점은 이렇다. 자산 가치를 보고 들어간 회사의 경우에는 PBR이 더 중요할 것이다.

이것은 회사를 해산하거나 다른 회사에 되팔 전략으로 들어간 회사의 경우에는 장부가가 더 중요하다는 뜻이다. 반대로 현금 흐름을 보고 들어간 회사의 경우에는 PER이 더 중요할 것이다. 결국 해답은 회사의 가치가 왜 높다고 생각하는지에 대한 각자의 생각에 달려 있는 것이다. 그리고 회사의 미래에 대한 전망이 여기에 달려 있는 것이다.

워렌 버핏의 천재성은 PER과 PBR을 단순한 가치 평가의 기준이 아닌 미래의 성장을 위한 레버리지로 활용했고, 강력한 현금 흐름이나 회사의 자산을 일종의 백업 플랜으로 활용했다는(안되면 쪼개서 팔아버리거나 인수해버렸다는) 사실이다. 다시 말해, 투자회사를 접고 이런 궁극적인 가치의 달성이 이루어지기를 경영자들이 회개할 때까지 참지 않고 스스로 버크셔 해서웨이를 통하여 강제로 달성할 수 있는 발판을 마련했다는 데 있다.

1969년 이후의 워렌 버핏은 더 이상 투자자가 아니라 초투자자였다. 결국 규제의 맹점을 이용하여 그는 투자자 못지않게 상당한 주식 투자를 하면서도 동시에 투자자로서는 도저히 꿈도 꿀 수 없는 인수합병, 사유화, 상장폐지 등의 엄청나게 강력한 전술을 직접 구사할 수 있게 된 것이다. 이를 통해 PER이나 PBR 분석을 추상적이고 개념적인 백업 플랜에서 한 단계 업그레이드시켜 직접 사용할 수 있는 실질적인 백업 플랜으로 바꾸어버린 것이다.

복리만은 철저히
이해하라

MONEY
HACKING

이쯤 되면 앞서 말한 해커가 다른 사람의 패스워드를 깨고 사생활을 캐고 다니는 사람이 아니라는 점을 이해할 수 있을 것이다. 해커들이 사용하는 방법도 별다른 게 없다. 해커들은 성공할 때까지 계속 하고, 모르는 수단은 절대로 사용하지 않는다. 이것은 결국 아는 것은 머리끝부터 발끝까지, 철저히, 샅샅이, 속속들이 안다는 것이다.

그럼 이제부터는 앞서 잠깐 설명했던 복리에 대해 보다 자세히 살펴보자. 조금 아는 것은 모르는 것만 못하다. 복리를 이해한다는 것은 바로 금융 이론의 가장 중요한 축인 시간을 이해한다는 것과 같다. 다음 공식을 살펴보자.

$$S = A(1+r)^n$$

이 공식은 금융과 관련된 책에 거의 다 나오는 것이다. 하지만 이것을 제대로 이해하는 사람은 드물다. 만일 여러분이 이 공식만을 머리끝부터 발끝까지 철저하고 완벽하게 이해한다면, 돈의 생리에 대해서 $\frac{1}{3}$ 이상은 배운 것과 다름없다. 그러므로 이 공식을 찬찬히 들여다보라. 이것은 앞 장에서 몇 가지 예를 들 때 사용한 바로 공식이다.

모든 사람이 알고 있듯이, 복리는 이자를 원금에 편입하여 이자에도 이자를 붙이는 경이로운 방법이다. 다시 말해 이자를 원금이라고 치고 여기에 이자를 붙이는 방식이다. 이 공식은 복리를 계산하는 방법을 알려준다. 이 공식이 뜻하는 것은 나중에 여러분이 받게 될 돈(S)은 원금(A)에 이자율 더하기 1(이자율이 8퍼센트라면 1.08)의 기간(n) 승(그러니까 2년이라고 한다면 2승)이라는 것이다.

$$S=A(1+r/m)^{nm}$$

앞 장에서 꼼꼼하게 이야기한 세금이나 기타 비용을 언제 내느냐에 따라 수익이 달라지는 것도 결국 따지고 보면 공식에서 원금(A)을 좀 더 상세히 설명한 것에 다름 아니다. 이 공식에서 배워야 하는 것은 복리라는 경이적인 현상을 설명하는 세 가지 요소, 원금, 이자율, 기간의 관계의 심오함이다. 결국 금융 현상에서 가장 중요한 축인 시간은 이 세 가지 변수 원금, 이자율, 기간의 관계로 표현된다. 여기서는 바로 기간(n)에 대해서 설명할 것이다.

2007년 6월쯤, 대부업체의 이자율을 66퍼센트에서 40퍼센트로 낮추는 법안이 상정되었다. 당연히 대부업체에서는 이 법안을 격렬하게 반대했는데, 법정 상한금리인 연 66퍼센트를 낮추면 사채업자들이 모두 죽을지도 모른다고 주장했다.

일례로 사채업자의 이익을 보호하기 위해 만들어진 조직인 한국대부소비자금융협회에서는 "대부업체가 자금을 조달해올 때 적용되는 금리가 평균 20퍼센트이고, 채권자에게 돈을 돌려받지 못하는 부실대출비율이 30퍼센트이기 때문에 대부업체도 먹고 살기가 어렵다"고 주장했다. 이 말도 논란의 여지가 많다. 예를 들어 개인이 사채업자에게 가지 않는다면 금리 20퍼센트는 아주 높은 이자율인데, 대부업체가 이런 금리로 돈을 조달한다는 주장이 사실인지 의심스럽다. 그리고 30퍼센트의 부실대출비율도 그렇다. 이 말은 사채업자에게 돈을 꾼 세 명 중 한 명은 돈을 갚지 않는다는 이야기인데, 주위를 살펴보면 사채업자의 돈을 떼어먹었다는 사람들은 거의 찾아보기 어렵다.

일단 이 주장의 진위는 접어두고 한국대부소비자금융협회의 조달금리와 부실율을 그대로 적용했을 때 예상되는 수익을 한번 계산해보자. 앞의 공식을 그대로 적용하면 된다. 만약 복리 20퍼센트로 돈 100만 원을 조달하여 금리 66퍼센트로 빌려주었고 그 중에 30퍼센트가 부실채권이 되어서 돈을 못 받게 되었다고 가정해본다면 얼마를 벌 수 있을까?

첫 번째 해: $(1,000,000*0.7)*(1+0.66)=1,162,000$ / 금융비용: $1,200,000$ / 수익: $-38,000$

두 번째 해: $(1,000,000*0.7)*(1+0.66)^2=1,928,920$ / 금융비용: $1,440,000$ / 수익: $488,920$

세 번째 해: (공식 생략) $3,202,007$ / 금융비용: $1,728,000$ / 수익: $1,474,007$

네 번째 해: (공식 생략) $5,315,332$ / 금융비용: $2,073,600$ / 수익: $3,241,732$

다섯 번째 해: (공식 생략) $8,823,451$ / 금융비용: $2,488,320$ / 수익: $6,335,131$

이렇게 간단한 복리계산만 해봐도 손해가 나는 것은 첫 번째 해뿐이고(그것도 겨우 38,000원), 두 번째 해부터는 엄청난 수익이 난다는 것을 알 수 있다. 게다가 자기 돈도 쓰지 않았다. 다시 말해 자기 돈을 쓰지도 않고 100만 원을 빌려서 다시 빌려주기만 했는데도 두 번째 해에는 자그마치 50만 원의 수익이 나고 다섯 번째 해에는 금융비용을 제외하고 거의 630만 원이 넘는 수익이 나는 것이다.

복리에서 얻을 수 있는
세 가지 교훈

MONEY
HACKING

여기서 배울 수 있는 교훈은 세 가지이다. 첫째, 절대로 사채는 빌리지 말라는 것이다. 둘째, 가능하면 사채업을 하라는 것이다. 앞의 계산 방식을 곰곰이 연구하여 심오한 의미를 깨우친 사람은 은행과 같은 금융기관의 수익모델의 정수를 들여다보고 있는 것이다. 이런 수익 모델을 일컬어 흔히 '유동성 장사'를 하고 있다고 말한다.

간단히 말해, 은행의 수익모델의 핵심은 돈을 빌리는 금리와 돈을 빌려주는 금리의 차이를 이용한 것이다. 하지만 은행이 파는 유동성이라는 것이 단지 금리 차이만 의미하지는 않는다. 대부분의 경우에는 높은 신용도를 이용하여 낮은 금리로 돈을 많이 빌려서 신용도가 낮은 사람이나 회사에게 높은 금리로 돈을 빌려주는 것이 핵심이다. 경우에 따라서는 수익 모델의 비밀이 기간(단기와 장기)에 있기도 하고, 위험관리(신용도는 낮지만 확실하게 갚을 수 있는 사람이나 회사에 빌려주기)에 있기도 하다. 엄밀히 따지자면 은행과 같은 제도권 금융기관도 사채업자와 똑같은 일을 하는 것이다. 금융기관의 입장에서는 이것이 너무나도 중요한 영업 비밀이기 때문에 특별한 전문용어를 만들어서 사용한다. 바로 '스프레드spread'라는 말이다. 이것은 빌리는 이자율과 빌려주는 이자율의 차이를 말한다.

솔직히 첫 번째와 두 번째 교훈에 대해서는 조금 과장해서 말한 것이 사실이다. 지금부터 말하는 세 번째 교훈은 이것보다 더 중요하다. 바로 사채업이 돈을 많이 버는 비결은 바로 '돈 돌려받지 못할 위험'에 대해서 어떻게 적절한 전략을 세우고 효율적으로 집행하는지에 달려 있다는 것이다.

그렇다면 사채업자는 어떤 종류의 위험에 처해 있을까? 돈을 빌린 사람이 돈을 갚지 않고 도망갈 위험, 빌리는 이자율이 오를 위험(변동금리로 빌렸을 때 금융비용이 오를 위험), 빌려주는 이자율이 내릴 위험 등이 있을 것이다. 여기서 핵심은 이 '위험'을 숫자로 표현에서 등식에 포함시킬 수 있다는 점이다.

이 엄청난 사실을 발견한 공로로 노벨상을 받은 경제학자를 나열하자면 해리 마코위츠Harry Markowitz, 머튼 밀러Merton

Miller, 윌리엄 샤프William Sharpe, 프랑코 모딜리아니Franco Modigliani, 로버트 머튼Robert C. Merton, 미론 숄즈Myron Sholes, 피셔 블랙Fisher Black 등이 있다. 피셔 블랙은 죽은 사람에게는 주지 않는다는 노벨상의 전통을 깬 사람이다. 그래서 흔히 노벨상을 받으려면 두 가지 조건이 있는데, 첫째는 학문적으로 큰 업적을 세워야 하고 둘째는 오래 살아야 한다는 말이 있다. 어쨌든 중요한 것은 위험을 숫자로 표현하는 것이(그러니까 예를 들어 사채업자가 부실율이 30퍼센트라고 이야기하는 방식이) 금융 이론에 획기적인 변화를 가져왔다는 사실이다.

복리를 실제로
계산해보라

MONEY
HACKING

여기서 반드시 배우고 넘어가야 하는 것은 세 가지이다. 첫째, 은행과 같은 금융기관의 사업의 핵심은 바로 위험 관리이다. 둘째, 위험관리는 숫자로 표현할 수 있다. 셋째, 투자 등을 결정할 때는 반드시 이렇게 해야 한다. 결국 큰돈을 벌기 위해서는 예상수익과 비용, 이것들을 제외한 순수익 등의 골격에서 생각하고 결정해야 한다.

앞서 말한 중국 펀드를 예로 들어보자. 당시에 어떤 사람들은 은행에서 돈을 빌려 중국 펀드를 사기도 했다. 이것을 사채업자와 똑같은 골격 속에서 생각해보자. 한 가지 중요한 차이점은 사채업자들은 연체율이나 부실화 가능성을 예측할 수 있는 과거의 역사적 자료가 있었다는 것이다. 하지만 엄밀히 따져 이것 역시 미래 예측의 수단으로서는 불충분하다. 과거에 30퍼센트의 사람들이 돈을 떼먹고 도망갔다는 뜻이지 앞으로 몇 년간 30퍼센트의 사람들이 돈을 떼먹고 도망갈 것이라는 뜻은 아니기 때문이다. 그러므로 이 숫자는 약간 바꾸어야 한다.

어느 날 은행 직원이 요즘 중국 펀드가 뜨는데, 중국 펀드에 투자하고 싶으면 10퍼센트의 이율로 돈을 빌려주겠다고 제안했다고 치자. 그래서 아는 사람들에게 물어보았더니(사실 이것이 가장 위험한 것이다. 워렌 버핏은 모르는 일은 절대로 하지 말라고 했다), 앞으로 중국이 엄청나게 발전해서 200퍼센트의 수익률을 올릴 확률(원금의 두 배를 돌려받게 될 가능성)과 엄청나게 퇴보하여 돈 한 푼 못 건지게 될 확률이 반반이라고 말해주었다고 치자. 이때 여러분이 해야 하는 계산은 이런 것이다. 사채업자와 마찬가지로 100만 원을 투자하는데, 이를 이자율 복리 10퍼센트로 빌려서 1년간 투자한다고 치고 계산해보자.

비용: $1{,}000{,}000 \times 1.1^1 = 1{,}100{,}000$원

예상수익: $2{,}000{,}000원 \times \frac{1}{2} + 0원 \times \frac{1}{2} = 1{,}000{,}000$

예상순수익: $-100{,}000$원

물론 이것은 지나치게 단순화한 것이다. 하지만 머릿속으로 이런 계산을 해야만 한다. 이런 계산 결과는 은행 직원이 돈을 빌려준다고 했을 때 "그렇게 좋은 기회라면 당신이 직접 하지 그러는가"라고 물어보면 나오는 답이긴 하다. 결국 이것저것 꼼꼼히 살펴보고 중국 펀드에 투자하겠다고 마음먹었다면, 그리고 원금이 하나도 남지 않을 가능성이 있다면, 그 이유는 둘 중에 하나이다(하나이어야 한다). 투자 결과 두 배가 될 확률이 50퍼센트를 상회하여 적어도 이자율과 비슷하게 맞춰지거나, 나중에 돌려받을 돈이 두 배를 크게 뛰어넘음을 가능성이 적어도 절반은 되는 경우이다.

그렇다면 은행은 왜 직접 중국 펀드에 투자하지 않는 것일까? 그것은 은행이 앞의 계산을 직접 했기 때문이다. 즉, 투자의 예상수익, 예상손실, 확률 등을 고려했을 때, 중국 펀드에 투자하여 얻을 수 있는 불확실한 큰돈보다는 고객에게 받을 수 있는 확실한 이자를 선택한 것이다. 만약 어떤 사람이 중국 펀드 투자를 결심했다면 은행에 낼 확실한 이자 비용을 감수하고 불확실한 수익을 선택한 것이다. 결국 투자와 돈에 대한 모든 문제는 시간과 불확실성의 문제이다.

여기서 이런 질문을 던져보자. 그것은 "앞에서 왜 1년이라는 단위를 선택했을까?" 하는 것이다. 이것은 사채업자의 이야기에서 빌리는 이자와 빌려주는 이자가 고정되어 있다면, 그런 상황에서 사채업자는 이자 수익에만 근거하여 어떻게 더 높은 수익을 올릴 수 있을까 하는 문제이다. 가장 쉬운 방법은 복리기간을 짧게 잡는 것이다.

이자율은 보통 연간 이자율을 적어준다. 그리고 이자율은 이자계산을 1년에 한 번 하는 것으로 생각한다. 하지만 실제로는 이자 계산의 단위를 다르게 잡을 수 있다. 사채업자에게 100만 원을 빌렸다고 생각하고 계산을 해보자. 아래 표를 보자. 이자율은 66퍼센트로 고정한다.

단위	1년에 1번 지급	1년에 2번 지급	1년에 4번 지급	1년에 12번 지급
1년	1,660,000	1,768,900	1,842,060	1,901,207
2년	2,755,600	3,129,007	3,393,184	3,614,590
3년	4,574,296	5,534,901	6,250,447	6,872,085

이렇게 이자를 몇 번 지급하는지에 따라 금액은 많이 차이가 난다. 물론 66퍼센트라는 이자율을 선택했기 때문이기도 하지만, 복리기간을 어떻게 잡아주느냐에 따라 결과는 엄청나게 달라진다는 것을 알 수 있다. 연간이자율이 r이라고 하고, 복리기간이 m이라고 하고 공식을 만든다면 앞의 공식은 이렇게 달라진다.

$S = A(1+r/m)^{nm}$

사채업자의 이야기에 적용해보면 첫 번째 해에 38,000원을 손해를 보게 되지만 이자 지급기간을 1년에 1번에서 1년에 12번으로 바꾸면 38,000원이라는 손해는 금세 130,845원의 수익으로 둔갑하는 것이다.

아인슈타인도 경악한 복리의 마술을 제대로 이해하려면 더 배워야 하지만, 일단 이쯤에서 마치도록 하자. 하지만 이것만은 기억해두자. 빠르게 복리기간을 계산해야 하는데 엑셀이나 계산기가 없다면, 72를 복리수익률로 나누면 대략 원금이 2배가 되는 기간이 나온다는 점을 알고 있자. 이율이 6퍼센트일 경우에는 12년이 지나면(72/6) 대략 원금의 2배가 되는 셈이다.

복리 계산의 중요성

MONEY
HACKING

해커적인 접근법은 컴퓨터 시스템뿐만 아니라 모든 시스템에 적용된다. 모든 시스템을 해킹할 수 있는 것이다. 돈이나 금융도 해킹할 수 있다. 더 놀라운 것은 실제로 금융을 해킹하는 사람들이 아주 많다는 것이다. 보다 놀라운 것은 실제로 금융을 해킹하는 사람들이 사용하는 도구가 패스워드 크래커와 비슷하게 아주 단순한 것이라는 사실이다. 요령은 돈과 금융에 대해 전체적으로 잘 아는 것이 아니라 단 하나를 알아도 철저하고 완벽하게 이해하는 것이다. 만약 하나라도 모르는 부분이 있다면 그것 때문에 해킹에 실패하게 될 것이고 잘못하면 큰돈을 잃을 수도 있다.

복리를 철저하게 이해해야 하는 이유는 이것이 돈을 버는

데 가장 중요한 공식의 한 축이기 때문이다. 만약 사채업을 하거나 채권과 같이 때가 되면 돈으로 변하는 경이적인 쪽지가 붙어 있는(이자 쿠폰이라고 한다) 물건에 투자하는 것이 아니라면, 미래에 얼마나 벌게 될지는 알 수가 없다. 그렇지만 어떤 경우에도 돈을 빌려올 때 드는 비용(이자나 기타 비용)은 거의 확정적으로 계산할 수 있다. 그리고 실제로 버는 돈은 번 돈에서 쓴 돈을 뺀 것이므로 한 축을 완전하게 이해하면 어디에 돈을 투자해야 할지를 제대로 알 수 있을 것이다.

어떤 사람들은 이렇게 말할 수도 있을 것이다. "그러니까 아인슈타인도 쩔쩔 맬 정도로 복잡한 복리를 배우는 이유가 돈을 빌려와서 투자할 때 비용을 알기 위해서라는 거지? 그럼, 나는 필요 없어. 절대로 돈을 빌려와서 투자하지 말라는 것이 우리 집 가훈이기 때문이야." 솔직히 이런 말에는 대답할 필요가 없다. 공부하기 싫어하는 사람은 공부를 해야 하는 이유가 하나 생기면 공부를 안 해야 하는 다른 이유를 스무 개 생각해내기 때문이다.

그럼에도 불구하고 친절하게 대답하자면 어떤 경우에는 달리 빚을 내서라도 투자를 해야 할 때가 있기 때문이다. 그리고 아무리 돈을 빌려서는 투자하지 않는다고 하더라도, 그것은 단지 마음속으로 투자라고 생각하는 부분에 대한 것일 뿐이고, 실제로는 투자라고 생각하지 않고서도 투자할 수밖에 없는 경우가 많다. 예를 들어, 은행에서 돈을 빌려서 집을 사는 것도 마찬가지이다.

그리고 아무것도 하지 않고 그냥 돈이 쌓이기만을 기다렸다가 투자하더라도 '기회비용'이 생긴다. 돈을 빌려서 투자하지 않는다고 하더라도 앞의 공식의 비용이 '0'이 되는 것은 아니다. 어떤 경우에도 손해 보지 않는 투자 예를 들어, 미국 국채나 한국 국채 같은 것을 했을 경우에도 최소한의 돈은 벌고, 만약 그것도 못 벌었다면 여러분은 돈을 잃은 것이나 마찬가지이다. 왜냐하면 이 세상에는 인플레라는 것이 있기 때문이다. 한마디로 컨베이어벨트 위에서 가만히 서 있으면 사실은 점점 뒤로 밀려나는 것인 셈이다.

그리고 가장 일반적인 저축을 할 때도 자신이 얼마나 벌 수 있는지를 계산할 수 있어야 한다. 그러므로 인내심을 가지고 복리에 대해서 조금만 더 알아보자. 사채업자 이야기로 돌아가자. 어떤 사람들은 이렇게 생각할 수도 있을 것이다. '아하, 그것 아주 괜찮은데? 이자율을 높이지 않고도 이자 기간만 조정해서 더 많은 돈을 받을 수 있군. 그럼 차라리 매일 받는 것이 더 낫지 않을까? 계산해보니 일 년에 한 번 받을 때의 금액인 1,660,000원이 기간만 바꾸면 1,933,640원이 되는구

나. 그럼, 아예 하루에 두 번을 받아볼까? 아니면 세 번이나 네 번?'

원래 무엇이든 지나치면 전혀 예상치 못한 결과가 생기게 마련이다. 사채업자는 욕심이 지나친 나머지 스스로 수학사에서 가장 중요한 발견을 한 셈이다. 그래서 애덤 스미스는 잘 먹고 잘 사는 것은 우리의 이웃이 욕심꾸러기이기 때문이라고 말했다. 탁월한 선견지명이다. 이 이야기는 무척 중요하므로 앞의 복리계산 공식을 다시 한 번 가져와서 세심하게 살펴보자.

$$S = A(1+r/m)^{nm}$$

원금이 얼마이든 수학법칙이 적용이 되어야 하므로 A를 그냥 '1'이라고 놓고 r도 '1'이라고 치자. 그리고 n은 그냥 무시하자. 그러면 다음 식을 얻을 수 있다.

$$S = (1+1/m)^{m}$$

이 식은 '2.71828⋯⋯'이라는 수에 수렴한다. 그러므로 사채업자는 이자 기간을 백만, 천만, 일억, 천억 등으로 늘이

더라도 무한한 수익을 얻지는 못한다. 그렇지만 이를 통해 아주 그럴 듯한 수학적인 발견을 해낸 셈이다. 이 수는 오일러 Euler가 발견했는데 자기 이름의 첫 글자를 따서 e라고 이름을 붙였다.

이 숫자가 중요한 이유는 e를 이용해서 지수함수를 만들고 이를 미분하면 다시 자신이 되는 함수가 나오기 때문이다. 이해하기 어렵다면 그냥 외우고 넘어가는 것도 좋다. 한 가지 기억할 것은 이 숫자가 없었더라면 현대의 금융은(파생상품이나 구조화금융은 물론이고 심지어는 단순한 채권까지도) 실질적으로 불가능했다는 것이다. 어쨌든 e라는 숫자가 들어가는 함수는 지수함수이고, 이것은 미분하면 자기 자신이 된다. 이런 특징을 이용하면 앞의 식을 다음과 같이 간단하게 바꿀 수 있다.

$$S = A(1+r/m)^{nm}$$
$$S = A * e^{rt}$$

이것을 보고 어떤 사람들은 이 책이 머니 해킹에 대한 책인지 수학책인지 의아하게 생각할 수도 있을 것이다. 하지만 이것은 이 책에 나오는 간단한 사칙연산을 넘어서는 유일한 수학 공식이다. 머니든 컴퓨터든 해킹하려면 영화 〈주유소

습격 사건)에 나오는 대사처럼 '한 놈만 패는' 정신이 필요하다. 앞의 공식 두 개만은 철저히 이해해야 한다. 이것이야말로 머니 해킹의 가장 기초가 되는 이야기이기 때문이다. e라는 숫자는 너무나 중요해서 대부분의 금융 계산기에서도 사용할 수 있고, 엑셀과 같은 스프레드시트 프로그램에서도 'EXP()'라는 식으로 사용할 수 있다는 점을 기억해두라.

참고로 말하자면 위에서 구간이 정해지지 않은 복리(e를 사용하는 복리)를 흔히 연속복리라고 한다. 물가상승률에 비해서 체감 물가가 너무 높다고 생각하는 사람이 있다면, 그 이유는 이런 비율을 계산하는 사람들이 복리를 그것도 연속복리를 사용하기 때문이라고 이해하면 된다. 그러므로 여러분이 컨베이어벨트 위에서 뒤로 떨어지지 않기 위해(인플레를 감안하여 구매력을 유지하기 위해) 투자를 하는 경우라면(어차피 이것이야말로 투자의 출발점이다) 여러분의 벤치마크로 이런 연속복리를 사용하는 것은 너무도 당연한 것이다.

이렇게 장황하게 복리 이야기를 하는 이유는 복리 계산이 머니 해킹에서 갖는 의미가 컴퓨터 해킹에서 어셈블리어가 갖는 의미와 비슷하기 때문이다. 다시 말해, 이것을 모른 채 다른 사람이 만들어놓은 것을 쓰면 되지만, 알아두면 아주 쓸데가 많기 때문이다.

접근 **3**

기본을 알고
투자 스타일을
결정하라

MONEY HACKING

MONEY HACKING

투기를 하는 투자자

M O N E Y
H A C K I N G

이 장은 투자를 기본적 분석(가치투자), 기술적 분석(차트 분석) 등으로 나누고 자기 취향에 맞는 책만 골라 읽는 사람들을 위한 것이다.

자신을 가치투자자라고 생각하든 모멘텀 투자자라고 생각하든 상관없이 큰돈을 벌기 위해서는 나와 다른 사람들이 어떻게 세상을 이해하고 있는지는 알고 있어야 한다. 이 책은 제목처럼 머니 해킹에 대한 책이다.

나는 기본적 분석과 기술적 분석을 모두 싫어하지 않기 때문에 뛰어난 가치분석 투자자들과 기술적 분석가들을 소개할 것이다. 하지만 이런 종류의 시스템이 지속적으로 큰돈을 벌게 해줄 것이라고는 믿지 않는다. 어떤 사람들은 랜덤 워크에 대한 이야기를 하려는 것이냐고 물을 수도 있을 것이다. 랜덤 워크를 간단히 설명하자면, 주식시장은 기본적으로 술 취한 사람이 돌아다니는 것처럼 예측 불가능하기 때문에 가치투자자이든 차트주의자이든 지속적으로 시장보다 돈을 더 많이 벌 수 없다고 생각하여 가장 합리적인 전략은 그저 시장의 평균에 배팅하는 것뿐이라고 주장하는 학파를 일컫는 말이다.

정보이론의 창시자인 클로드 섀넌이 정보이론이라는 말을 쓰기 시작했을 때 사람들은 이 말을 무척 싫어했다. 아마도 당시가 디지털 컴퓨터가 보급되기 전이었음에도 불구하고 정보라는 말이 아주 식상하게 들렸던 것이 아닐까 추측해본다. 어느 날 폰 노이만은 클로드 섀넌에게 '엔트로피'라는 말을 쓰면 결코 논쟁에서 지지 않을 것이라고 말했다. 엔트로피라는 말의 의미를 제대로 아는 사람이 없었기 때문이었다.

나는 앞으로 랜덤 워크에 대해서도 이야기할 것인데, 그렇다고 해서 내가 랜덤 워크 이론가인 것은 아니다. 나는 금융이라는 시스템에 허점을 찾아 그 허점을 이용해서 큰돈을 벌고 싶은 사람일 뿐이다. 한마디로 머니 해커인 셈이다. 그런데 랜덤 워크 이론에서는 이것이 불가능하다고 말한다. 솔직히 효율적 시장 가설에서도 이것이 불가능하다고 한다. 하지만 랜덤 워크 이론이 효율적 시장 가설과 완전히 일치하는 것은 아니다.

먼저, 기본적 분석과 기술적 분석의 차이를 다시 짚어보자. 대부분의 사람들은 기본적 분석이 옳다고 말한다. 왜냐하면 기본적 분석주의자들이 기술적 분석주의자들을 '투기꾼'이라고 욕하기 때문이다(대체로 기본적 분석에 대한 책에는 기술적 분석은 투기라고 말하는 경우가 많다). 보통 사람들이 기본적 분석을 하기로 결심하기까지 대체로 이런 사고 과정을 거칠 것이다.

1. 기본적 분석주의자들은 기술적 분석주의자들을 아주 싫어한다.

2. 기본적 분석주의자들은 기술적 분석주의자들을 투기꾼이라고 욕한다.

3. 하지만 나는 큰돈을 벌고 싶을 뿐이지 투기를 하고 싶은 것은 아니다.

4. 그러므로 내가 하는 것은 투기가 아니고, 내가 큰돈을 못 버는 이유는 내 돈을 가지고 투기를 하는 나쁜 사람들이 있기 때문이다.

5. 그러므로 나도 투기꾼을 싫어한다.

6. 그러므로 나는 기본적 분석 투자자임에 틀림없다. 그러므로 나도 가치투자자이다.

나는 가치투자자를 싫어하지 않는다. 그들은 마치 옆집 아저씨 같은 이미지를 가지고 있다. 속도위반도 안 할 것 같고, 쓰레기도 잘 치우고, 집 앞도 깨끗이 쓸 것 같고, 노약자에게 자리도 잘 양보할 것 같다. 하지만 그들이 항상 참말만 하고 있는 것 같지는 않다.

벤저민 그레이엄의
투자 기법

MONEY
HACKING

예를 들어 보자. 가치투자의 가장 상징적인 인물은 워렌 버핏이다. 워렌 버핏이 짝사랑했던 투자자는 『현명한 투자자』를 쓴 벤저민 그레이엄이다. 벤저민 그레이엄은 그레이엄 뉴만사라는 투자회사를 운영했다. 이 회사가 사용한 투자 기법은 6가지이다.

1. 순유동자산의 2/3 이하의 주식을 매수. 어느 시점에는 이런 종목 수가 100개가 넘음.
2. 청산중인 회사 매수. 20퍼센트의 연간 이익이 있을 가능성이 80퍼센트가 될 때.
3. 리스크 아비트리지: 합병회사를 사고 피합병회사를 동시에

팔기.

4. 전환사채 헤지: 전환사채나 우선주를 사고 동시에 전환될 주식 팔기. 전환 패리티가 있어야만 하고, 그 패리티(보통주와 전환가의 차이)가 크면 클수록 이익은 커짐.

5. 자산가치 이하로 팔리는 기업을 인수하여 자산 매각하기.

6. 헤지 투자: 한 주식을 사고, 관계없는 주식을 공매하기. 선택이 올바르다면 산 주식이 오르고, 공매한 주식이 떨어진다면 시장과 상관없이 이익을 얻음.

이 가운데 어떤 것이 가치투자에서 말하는 '저평가주'를 사서 기다리는 기술과 가장 비슷해 보이는가? 세 번째, 네 번째, 여섯 번째는 가치투자와는 전혀 무관하다. 네 번째의 전환사채 아비트리지는 앞으로 배울 가장 중요한 기술 가운데 하나이다. 우리나라에서도 전환사채 아비트리지는 소위 코스닥 회사를 애먹이는 기술로 알려진 것과 아주 유사하다. 이건 거의 손해 볼 가능성이 없는데, 전환사채의 경우에는 주가가 일정 가격 이상으로 오르면 주식으로 전환하면 되고, 일정 가격 이하로 떨어지면 대체로 전환사채의 조건에 따라 전환의 조건이 변경되기 때문이다. 즉 전환가가 조정되는 것이다.

그러므로 이런 투자를 하는 사람에게 최악의 상황은 주가가 그 자리에 머무르는 것이다. 이런 상황이 지속되면 상당한 규모를 투자한 투자자는 대체로 이사회에 참석하고 경영에 직간접적으로 참여하게 된다. 무엇이라고 하려고 하는 것이다. 하지만 남 잘되게 하기는 어려워도 망치게 하기는 쉬운 법이다. 이런 조건으로 들어온 기관 투자자가 가지고 있는 전환사채가 제법 크면 투자자의 입장에서는 회사를 망치는 한이 있더라도 어쨌든 회사의 상황은 바뀌어야 하는 것이다.

즉, 회사가 잘되면 주식으로 전환하여 이익을 보면 되지만, 회사가 안 되면 아주 망가지게 해서 이익을 봐야만 하는 것이다. 전자는 주주와 경영진의 이해와 일치하지만 후자는 완전히 상반된다. 그렇게 되면 두 번째나 다섯 번째 방법으로 자동으로 전환되는 것이다. 물론 여기서 말하는 전환사채 아비트리지는 엄밀히 말하자면 바로 이 전술을 뜻하는 것은 아니다.

여섯 번째는 노벨상 수상자와 최고의 채권 중개인이 설립한 롱텀 캐피탈이라는 회사가 신나게 사용하다가 경제위기까지 몰고 온 사건의 전주곡이 되는 방법이다. 세 번째도 M&A 아비트리지라고 하여 꽤 인기 있게 사용되는 '투기' 방법이다. 어떤 의미에서는 이런 방법이 벤저민 그레이엄의 가치투자에 가장 근접하다고 할 수 있다.

벤저민 그레이엄의 가치투자의 핵심은 첫 번째(순유동자산의 2/3 이하에 매입), 두 번째(청산중인 회사 매수), 다섯 번째(자산가치 이하의 기업을 인수하여 자산 쪼개 팔기) 등이다. 영화 〈프리티 우먼〉의 주인공 에드워드 루이스의 직업을 떠올리면 된다.

이렇게 살펴보면 가치투자라는 기술은 '가격'과 '가치'의 차이를 보고 저평가된 주식을 찾아서 투자해야 한다는 명언과는 꽤 거리가 멀어 보인다. 신사 같은 가치투자자의 이미지와도 차이가 있어 보인다. 정리하자면, 가치투자의 핵심이 '코끼리를 바늘로 찌르고 코끼리가 죽을 때까지 기다리기'라면, 여기서 꼭 필요한 기술은 바늘이 아주 크거나 죽기 직전의 코끼리를 찾아내는 안목이다. 케인즈가 말한 것처럼 시장이 비합리적이라면(가치와 가격의 차이가 크다면), 언젠가는 합리성을 회복할 것이라고 믿고(가격이 언젠가는 가치를 따라잡을 것이라고 생각해서) 주식을 매수하려고 한다면, 시장은 우리가 바닥까지 손해를 볼 때까지 비합리적일 수 있다는(바닥까지 손해를 볼 때까지 가격이 가치를 따라잡지 못할 수 있다는) 점에 주의해야 한다. 여기에 대한 분명한 대책도 없이 바늘로 코끼리를 찌르는 것은 현명하지 못한 짓이다.

『월가의 스승들』에서는 "벤저민 그레이엄은 회사가 무슨 회사인지, 경영진이 능력이 있는지는 관심이 없다. 그는 회사가 잘 돌아가지 않으면 매각하거나 청산해서 투자자에게 빨리 주는 것이 더 좋은 것이라고 생각한다"라고 나와 있다. 벤저민 그레이엄처럼 가치투자를 잘 하려면 몇 가지 조건이 충족되어야 한다. 빠른 시간 내에 가격이 가치를 따라잡지 못한다면 회사의 경영권을 빼앗아서라도 강제로라도 따라잡을 수 있도록 할 수 있어야 한다는 것이다.

즉, 바늘이 아주 크거나 큰 바늘로 찌르는 사람을 따라가거나 남들이 다 찌르는 코끼리를 찔러야 한다는 말이다. 그리고 그 코끼리가 곧 죽을 상태인지를 보는 눈이 남달라야 한다. 혹시 잘못 보았다면 코끼리를 그냥 죽일 수 있는 담력과 실행력이 있어야 한다. 도덕과 비난을 무시하는 니체의 초인 같은 용기가 있어야 하는 것이다.

이런 패턴은 워렌 버핏에게도 나타나는데, 그는 버크셔 해서웨이라는 보험사를 운영하고 있다. 이 회사는 펀드가 아니기 때문에 그 회사도 주식에 투자한 다음 잘 되지 않으면 인수해버리거나 합병해버리거나 상장을 폐지해버리거나 그냥 쪼개서 팔면 된다. 그것이야말로 워렌 버핏의 성공 비결이다. 그는 '가격이 가치를 따라잡지 못할' 경우를 대비한 백업 플랜을 언제나 가지고 있었다.

소위 가치투자자들 사이에서는 PER과 PBR 중에서 어느 것이 더 나은지에 대한 끊임없는 논쟁이 일어나고 있다. 여기서 PER은 주식의 가격을 순이익으로 나눈 값이고, PBR은 주식의 가격을 장부가로 나눈 것이다. 혹시 가치투자자라고 하더라도 절대 이런 식의 논쟁에는 끼어들지 않는 것이 좋다. 이런 수치를 볼 때는 언제나 벤저민 그레이엄이나 워렌 버핏의 관점에서 보라. 이것이 잘되지 않으면 어떻게 할지를 생각해야 하고, 파는 사람의 관점에서 상황을 바라봐야 한다. 지금은 주식을 사는 사람의 입장에서 보고 싶겠지만, 백업 플랜은 결국 잘 안됐을 때 파는 것일 수밖에 없다.

회사를 인수 합병하거나 쪼개서 매각하는 과정을 눈여겨본 사람이라면 잘 알겠지만, 이때 가장 중요한 것은 현금 흐름 아니면 자산 가치이다. 그렇게 보면 PER은 현금 흐름이 생명인 회사(학원, 식당, 소매업 체인 등)에 대한 최후의 방어선인 것이고, PBR은 자산 가치가 아주 중요한 회사(은행, 금융사 등)에 대한 최후의 수단을 위한 확인 절차인 것이다. 그리고 우리나라에서는 벤저민 그레이엄이나 워렌 버핏이 살았던 미국과는 비교도 되지 않을 정도로 인수합병 시장이(특히 적대적 인수합병 시장이) 활성화되지 않았다.

이유가 무엇이든 이런 상황에서 아주 큰 바늘을 가지고 있지 않은 다음에야 워렌 버핏과 벤저민 그레이엄의 경전을

달달 외우고, 재무제표를 매일 들여다보고, 모든 상장회사의 PER과 PBR을 입에 달고 산다고 하더라도, 1퍼센트 부족한 공염불이 되기 십상이다. 이것이 우리나라에서 가치투자가 왠지 신사들의 게임 같지만, 뭔가 부족한 느낌이 드는 이유일 것이다.

결국 투자를 잘 하고 싶으면 투자를 잘 하는 사람에게 배워야 하는데, 절대로 그 사람이 한 말이나 쓴 글을 통해 배우려 하지 말아야 한다. 그 사람이 어떻게 하는지에 관심을 기울여 그 사람이 하는 행동을 보고 배워야 한다. 주식시장은 마음씨 좋은 옆집 아저씨 같은 사람들이 득시글거리는 곳이 아니다. 이 점을 항상 명심하라.

투자자와 투기자의
차이

이제 본격적으로 하려 했던 이야기로 들어가자. 여기서 질문을 하나 던져보자. "투자와 투기는 어떻게 다른가? 그럼, 투자자는 투기를 하지 않는가? 그리고 투기자는 투자를 하지 않는가?" 흔히 오해하는 것이 투자자는 투기를 하지 않는다는 이야기이다. 이것의 전제는 투자와 투기가 엄연히 다른 말이라는 것이다. 둘의 차이를 이해해야 비로소 투자자와 투기자를 구분할 수 있다는 말이다. 결국 투기꾼은 나쁜 사람이라는 결론에 도달한다. 과연 그런가? 혹시 반대로 투자자가 하는 것이 투기이고 투기자가 하는 것은 투자인 것은 아닐까? 그리고 투자자는 투기를 하지 않고, 투기자는 투자를 하지 않는 것일까?

벤저민 그레이엄은 투자와 투기를 규정하는 것으로 이야기를 시작하지 않으며 투자자가 언제나 투자만 하는 사람이라고도 이야기하지 않는다. 세상에는 현명한 투자자도 있고, 멍청한 투자자도 있고, 현명한 투기꾼도 있고, 멍청한 투기꾼도 있다는 것이다. 그래서 그의 책 제목이 '현명한 투자자' 인 것이다. 이 책은 멍청한 투자자나 멍청한 투기꾼도 아니고, 현명한 투기꾼도 아닌 현명한 투자자가 되는 방법에 대해서 말하고 있다.

그에 따르면, 투자는 "(1) 철저한 분석을 통하여 (2) 원금의 안전과 (3) 적절한 수익을 보장받는" 행위이다. 그렇지 않은 경우는 모조리 투기이다. 이렇게 따지만 앞서 말한 아무 생각 없이 중국 펀드를 산 사람은 어쩔 수 없이 투기꾼이 되는 것이다.

여기서 투자자나 투기꾼의 구분은 결과론적인 것이 아니다. 앞서 말한 중국 펀드를 산 사람이라고 하더라도 (1) 충분히 공부했고(워렌 버핏이 인터넷 벤처붐에 편승하지 않은 이유가 공부하기가 싫어서였다고 한다), (2) 원금을 보장받을 방안을 생각했고(만약 손해가 난다면 어디에서 복구할지를 생각했고), (3) 적당한 수준의 수익을 보장받을 방안을 생각했다면(적당한 수준의 수익을 달성했을 때 이걸 유지하면서 빠져나올 방법을 생각했다면) 그는 투자자인 셈이다.

이런 생각이 없었다고 하더라도 한곳에 모두 투자하지 않았고 한도를 정해 그 범위 내에서만 들어가 다른 곳에서 제대로 된 투자를 했다면, 그는 이 건에서는 투기를 했을지 몰라도 전체적으로 봤을 때는 투자자인 셈이다.

중국 펀드를 사기 전에 공부를 조금이라도 했다면, 중국에서는 주식을 팔고 나서 대금을 받을 때까지 약 한 달이 걸리니까 환율 변동 때문에 주식에서 돈을 벌고도 환차손 때문에 돈을 잃을 수도 있다는 점, 중국에서는 주식의 종류를 아주 다양하게 나눠놨기 때문에 외국인은 극히 제한된 종류와 수량밖에는 투자할 수 없다는 점, 이런 규제를 피하기 위해서 홍콩 등을 이용하는 TRS(Total Return Swap) 같은 기법을 사용한다는 점, 시장 자체가 아직 크지 않기 때문에(게다가 외국인이 활동할 수 있는 시장은 더 작기 때문에) 주식 값이 올라서 이것을 실현하고자 갑자기 대규모로 매도를 하면 오히려 주식 가격이 폭락할 수도 있다는 점(청산 위험) 등을 미리 알았을 것이다. 그래서 투자를 하더라도 적당한 안전판을 마련하거나 투자 규모를 제한했을 것이다. 결국 자세의 문제이다. 다시 생각해보면 벤저민 그레이엄이 말한 현명한 투자자가 아니더라도 상식적인 사람이었다면 이것들을 당연히 확인했을 것이다.

"사자"의 반대말은
"팔자"일까?

MONEY
HACKING

가치투자자들이 그토록 싫어하는 기술적 분석은 무엇인가? 가치투자자들은 재무제표를 아주 좋아한다. 사실 나는 재무제표를 많이 좋아하지 않는다. 그래서 내가 골수 가치투자자가 되기 힘든 것인지도 모르겠다.

만약 누군가가 재무제표를 손에 달고 다니고, 재무제표를 아주 손쉽게 만들어주는(길고 복잡한 재무제표를 하나 또는 몇 개의 숫자로 줄여주는) 기법인 PER, EPS, PBR, PSR 등의 숫자를 사용한다면 그는 분명 가치투자자일 것이다. 반대로 기술적 분석주의자들은 재무제표를 싫어한다. 물론 기술적 분석을 하지 않는 나 같은 사람도 재무제표를 싫어한다. 올바른 정보라고 하기에는 너무나도 이상하기 때문이다. 하지만 양비론이나 중

도주의적 접근법은 좋지 않다. 좋고 나쁘고를 떠나 무엇이든 정확하게 알고 있는 것이 중요하다.

가치투자자들은 기술적 분석주의자들을 이렇게 비판한다. 첫째, 시장이 효율적이라면 아무리 차트를 들여다봐도 공돈은 찾을 수 없다는 것이다. 시장을 움직이는 새로운 정보가 나오면 즉시 가격은 반응하기 때문이다. 따라서 공돈의 기회는 없거나 혹시 있다고 하더라도 규모도 적고 아주 빠른 시간 내에 사라진다는 것이다. 그리고 이런 공돈을 아무리 주워봐야 여러 가지 비용(세금이나 수수료 등)을 공제하면 남는 것이 없다는 것이다. 그러므로 계속 사고팔고 사고팔면서 (세금을 많이 내서) 애국하지 말고 가치투자에서 제안하는 대로 그냥 사서 가지고 있으라는 것이다.

이런 이야기를 듣고 고개를 끄덕이는 사람이라면 주식 투자를 하겠다는 결심을 진지하게 재고해봐야 한다. 그리고 자신이 벌 수 있는 돈은 얼마이고 비용은 얼마인지를 질문해봐야 한다. 벤저민 그레이엄의 『현명한 투자자』에 제이슨 츠비그Jason Zweig가 2003년에 단 주석을 살펴보자.

거래비용으로 내는 돈이 약 2~4퍼센트이고(살 때 한 번, 팔 때 한 번 내면 약 4-8퍼센트), 장기투자를 하면 자본소득세를 20퍼센트 내는데, 짧게 사고팔기를 반복하면 이것은 약 38.6퍼센트까지 올라간다. 그러므로 매번 사고팔 때마다 약 10퍼센트는 남아야 본전인 셈이다. 그런데 연구에 따르면 약 66,000명의 투자자들이 세금과 비용을 공제하기 전 기준으로 시장 평균보다 약 0.5퍼센트가 앞섰는데, 세금과 비용을 빼니 시장 평균보다 약 6.4퍼센트가 미치지 못했다.

　결국 사고팔고를 반복하지 말고, 싼 것을 사서 비싸질 때까지 몇 년이고 기다렸다가 파는 것이 좋다는 것이다. 그러면 어떤 사람들은 이렇게 물어볼 것이다. "그건 미국 이야기이고, 우리나라에서도 이와 같은가?" 좋은 질문이다. 우리나라에서는 상장주식에 투자한 경우에는 자본소득세가 없다. 비용도 그렇게 높지 않다. 온라인 거래와 다양한 싼 계좌들이 많이 나왔기 때문에 미국 투자자들처럼 세금과 비용을 많이 내지는 않는다. 그렇다고 해서, 가치투자가 우리나라에 맞지 않는다는 말은 아니다. 다만, 모든 이야기를 스스로 직접 확인해보는 마음가짐을 가지라는 것이다.

　그렇다면 기술적 분석주의자들은 재무제표도 보지 않고 (사실 꼭 그런 것은 아니다), 무엇을 보고 투자를 하는 것일까? 그리고 이들은 어떻게 효율적 시장 가설을 극복하는 것일까? 한마디로 이들은 그냥 시장 차트만을 본다. 그것도 바로 효율적 시장 가설 때문에 그렇게 한다. 다음 대화를 살펴보자.

가치투자자: 시장이 효율적이라면 아무리 차트를 들여다봐도 공돈이 생길 수 없어. 왜냐하면 새로운 정보는 즉시 가격에 반영되기 때문이야. 결국 공돈의 기회는 없거나 혹시 있다고 하더라도 규모도 적고 아주 빠른 시간 내에 사라지게 마련이지. 게다가 이런 공돈을 아무리 주워봐야 여러 가지 비용(세금과 수수료 등)을 빼고 나면 남는 것은 거의 없어. 그러니 계속 사고팔고 사고팔면서 애국하지 말고 그냥 사서 가지고 있어.

기술적 분석주의자: 흠. 시장이 효율적이어서 새로운 정보는 즉시 가격에 반영된다는 말은 좋은 지적이야. 그렇기 때문에 새로운 정보를 알 필요 없이 시장만 보면 돈이 어떻게 움직이는지를 알 수 있잖아. 그런데 왜 골치 아프게 재무제표를 보고 있겠어? 차트만 보면 다 나오는데 말이야. 이 가격의 움직임에는 일정한 패턴이 있어. 그러므로 이 패턴만 따라가면 큰돈을 벌 수 있어. 기다려봐. 보여줄 테니.

기술적 분석주의자의 말은 한마디로 시장이 움직이면 그 움직임을 이용해서 큰돈을 벌면 그만이지 시장이 움직이는 이유까지는 알 필요는 없다는 것이다. 큰돈을 벌기 위해서 알아야 하는 것들은 어차피 시장 가격에 이미 반영되어 있으니 볼 필요가 없고, 시장 가격에 반영되지 않은 것들은 소음일 뿐이므로 들을 필요가 없다는 것이다.

전설의 투자자(투기꾼)로 알려진 제시 리버모어에게 투자 전략을 물었더니 '싸게 사서 비싸게 파는 것'이라고 말했다. 이 말만으로는 가치투자자가 말하는 싸게 사서 비싸질 때까지 기다리라는 조언과 어떻게 다른지 알 수가 없다. 진짜 차이는 기술적 분석주의자들은 흐름을 탄다는 것이다.

제시 리버모어의 다른 말에 따르면, 그들은 가격이 오를 때 사서 가격이 충분히 오를 때까지 기다렸다가 가격이 내려가기 시작할 때 판다는 것이다. 결론적으로 이것이 쌀 때와 비쌀 때를 알아내는 비결이기는 하다.

이 전략은 공부하기 싫어하는 사람들에게는 무척 좋아 보이겠지만(적어도 재무제표는 안 봐도 되니까), 사실 차트를 읽기 위해서도 꽤 많은 공부를 해야 한다. 더 큰 문제는 재무제표 읽는 방법에 대해서는 대체로 통일된 방법과 요령이 있는데, 차트 읽기에는 통일된 해독 기술이 별로 없다는 것이다.

똑같은 차트를 두고도 어떤 사람은 오를 조짐이라고 판단하고 어떤 사람은 내릴 조짐이라고 판단하는 것이다. 판이 끝나면, 모두가 결론에 동의한다. 사실 시장이라는 폭군 앞에서는 모두가 동의할 수밖에 없다.

한마디로 기술적 분석은 '기술'이라기보다는 '예술'이라는 것이다. 보는 사람에 따라서 결론이 엄청나게 달라진다. 보다 중요한 문제는 사람들이 어떻게 각기 다른 결론을 내리느냐 하는 것에 있다. 이것은 타이밍의 문제이다. 앞서 말한 월스트리트에서 가장 유명한 제시 리버모어도 적어도 2~3번 이상은 완전히 망했다.

제시 리버모어는 10세 때 자그마치 1,000달러(약 2천만 원)를 벌었다. 1907년 주식 폭락 때에는 약 300만 달러를 벌었으며, 1929년 주식 폭락 때에는 1억 달러를 벌었다. 하지만 1907년에 번 돈의 약 90퍼센트를 면화 시장에서 잃었으며, 1908~1912년에는 계속 돈을 잃어 결국 파산했다. 이전에도 그는 돈을 완전히 잃어 버킷숍(일종의 사설경마장과 비슷한 사설주식시장)에서 재기한 적이 있다. 그는 나이가 들어서 돈을 완전히 잃고 1940년에 63세로 호텔에서 권총으로 자살했다.

주식시장에는 이와 비슷한 이야기가 넘쳐난다. 『투자전쟁』을 보면 데이비드라는 헤지펀드 운용자 이야기가 나온다. 그는 원래 가치투자 중심으로 운영하던 투자자였는데, 나중에는 모멘텀 투자(기술적 투자와 같은 개념)로 기울었다. 그 역시 엄청나게 변동성이 높고 수익률의 기복도 아주 심하다.

책에는 "심장이 약한 사람은 그에게 투자금을 맡기지 않는 것이 좋다"는 말이 나온다. 1991년 그의 수익률은 56퍼센트(S&P500은 30퍼센트 상승), 1993년에는 31퍼센트(S&P500은 10퍼센트 상승), 1994년에는 마이너스 23퍼센트(S&P500은 1.3퍼센트 상승), 그 후 3년간 계속 S&P500에 미달하다 1998년에 61퍼센트 (S&P500은 28퍼센트 상승), 1999년에는 90퍼센트(S&P500은 21퍼센트 상승)였다고 한다.

여기에는 로빈슨이라는 헤지펀드 운용자 이야기도 나온다. 그의 특기는 공매도였고(공매도는 자기가 가지고 있지도 않은 주식을 파는 것이다), 그의 별명은 어둠의 왕자였다. 그는 1982년 말에 카리브해의 한 카지노 호텔에 대해서 공매도를 했다. 그의 분석은 이 회사의 주식이 거품이라는 것이었다. 그는 결국 1983년 5월에 손을 들었다. 그가 운용하던 펀드는 4억 달러가 넘었는데, 게임이 끝나자 8천만 달러로 줄어들었다.

슬픈 것은 그가 이렇게 손을 든 이후 높이 올라갈 때는 90달러까지 상회하던 주식이 그가 포기하자 곧 45달러로 줄어들었고, 1985년이 되자 10달러로 줄어든 것이었다. 1990년대에는 5~10달러로 거래되었다고 한다. 결국 그가 틀린 것이 아니었다. 다만 너무 일찍 옳았을 뿐이었다.

이 이야기를 하는 이유는 기술적 분석이나 모멘텀 투자를 하는 투자자들이 극심한 변동성에 노출된다는 것을 말하고 싶어서이다. 이런 사람들이 크게 패할 때에는 그들이 옳았다는 것은(차트를 바로 읽었다는 것은) 전혀 중요하지 않다. 문제는 타이밍인 것이다. 흥미로운 것은 제시 리버모어나 로빈슨은 중장기적인 전망에 근거하여 주가가 하락할 것이라고 판단하고 공매도를 했을 때 크게 낭패를 보았다는 것이다. 로빈슨의 특기는 재무제표 등을 상세히 검토한 다음 재무제표 상의 허점과 경영진의 과장과 거짓을 찾아내어 이를 근거로 하여 공매도를 하는 것이었다.

가치투자를 하든 기술적 분석에 따른 모멘텀 투자를 하든, 어떤 도구를 쓸 때는 그 도구가 어떤 상황에서 유효한지, 어떤 정도까지 유효한지, 어떤 상황에서는 무효한지를 알고 있어야 한다. 자신이 선택하고 사용하는 도구의 한계를 정확하게 알아야 한다. 자신이 사용하는 도구에 대한 가장 핵심적인 지식은 도구의 한계에 대한 지식이다. 이 때문에 젊은 사람들은 패기만만하고 아는 것도 많아 보이지만 결정적인 순간에 힘을 발휘하지 못하고 나가떨어지게 되는 것이다.

도구의 강점과 사용법은 공부를 열심히 하면 얼마든지 배울 수 있다. 하지만 그 도구의 한계는 배우기가 어렵다. 이것은 경험과 연륜을 통해서만 배울 수 있는 것이기 때문이다. 그렇다고 해서 꼭 경험과 연륜을 통해서만 이것을 배울 필요는 없다.

기본적 분석주의자들은 기술적 분석주의자들을 무식하다고 비난한다. 그리고 인간의 본능 가운데 하나인 호기심이 없다고 비난한다. 적어도 왜 돈을 버는지는 알아야 할 것 아니냐고 하며 말이다. 반대로 모멘텀 투자를 하는 사람들은 그런 호기심이 기본적 분석을 죽인다고 생각한다. 도대체 뭐가 궁금하냐는 것이다. 길에 떨어진 공돈을 줍는 사람 입장에서는 그 돈을 누가, 언제, 어디서, 왜, 어떻게 흘렸는지는 알 필요가 없는 것이다. 그것은 인생에 전혀 도움이 되지 않는다는 것이다. 오히려 죄책감만 남길 뿐이라는 것이다.

모멘텀 투자로 방침을 변경한 데이비드는 이렇게 말했다. "시장은 저나 여러분들보다 훨씬 더 똑똑합니다. 지금 여러 시장들은 자기들이 더 높이 올라갈 것이라고, 아시아가 다시 호랑이가 되었다고, 그리고 또 미국 경제가 되살아난다고 얘기하고 있습니다. 그래서 나는 주식을 매수할 생각입니다. 아마도 시장은 우리가 알지 못하는 세계 경제에 대해서 뭔가 알고 있을 겁니다."

이 말은 모멘텀 투자의 기본 신념을 정확하게 표현하고 있다. 이 모든 것은 효율적 시장 가설 때문에 생긴 것이다. 기본적 분석이나 기술적 분석은 주식거래가 시작될 때부터 있었던 기술이다. 이렇게 이야기하는 것은 효율적 시장 가설이 가진 위력 때문이다. 이 가설은(입증된 이론은 아니다) 너무나 강력해 보이기 때문에, 기본적 분석주의자든 기술적 분석주의자든 자신이 이렇게 행동하는 이유는 효율적 시장 가설 때문이라고 주장한다.

여기서 어떤 사람들은 이런 질문을 할 것이다. "기술적 분석을 제대로 하려면 얼마나 많은 돈이 필요한가?" 앞에서 기본적 분석과 가치투자를 제대로 하려면 아주 큰 바늘이 있어야 한다고 말했다. 그리고 가치라는 것은 결국 최악의 상황에서도 자신을 지키는 일종의 보험이라고 말했다. 그렇다면 이런 보험이 기술적 분석에는 없을까? 기술적 분석을 하는 사람은 도대체 어떻게 하면 위험으로부터 스스로를 보호할 수 있을까? 이에 대해서는 앞으로 자세히 설명할 것이다.

먼저 다음 장에서는 가치투자와 모멘텀 투자의 중요한 차이점을 하나 더 설명할 것이다. 시장이 좋을 때 돈을 버는 것은 누구나 할 수 있다. 하지만 진짜 선수는 시장이 나쁠 때 나타난다. 시장이 나쁠 때 살아남는 것은 아무나 할 수 있는 게 아니다. 이것이 다음 장에서 다룰 주제이다.

제시 리버모어는 어떻게 큰돈을 벌었나?

제시 리버모어는 어릴 때 주식을 하는 친구를 따라갔다가 5달러를 걸고 3.12달러를 땄다. 그는 15세에 이미 1,000달러 (100만 원)를 넘게 땄다. 그의 전성기는 1907년 주식 폭락 때에 찾아왔다. 그는 이때 3백만 달러(30억 원)를 땄다. 당시를 생각해보면 이건 그저 돈으로 비교할 수 있는 금액이 아니다. 1927년에는 1억 달러(1천억 원)를 땄다. 지금부터는 그가 어떻게 큰돈을 벌었는지에 대해 알아보겠다.

그의 이야기는 에드윈 르페브르가 쓴 『어느 주식 투자자의 회상』에 잘 나와 있다. 정말 눈물 없이는 읽을 수 없는 책이다. 그는 멋진 투자자였지만 여러 번 파산을 겪기도 했고 권총 자살로 생을 마감했다. 어린 시절 그는 버킷숍이라는 곳에서 투자를 시작했다. 버킷숍이란 요즘으로 치면 사설 경마장과 비슷한 사설 주식 거래소를 말한다. 마치 경마장에서는 실제로 말이 달리고, 사설 경마장에서는 이 정보에 따라 마권을 사고파는 것과 마찬가지로, 주식 거래소에서 실제로 거래되는 정보를 받아서, 이 정보에 따라 사설 주식을 사고파는 곳이다. 나중에 버킷숍은 법적으로 금지되어 문을 닫았다. 지금은 버킷숍이 없다(그러나 꼭 이렇게 말할 수는 없다. 파생상품 시장은 실질적으로 정부가 공인하는 버킷숍이라고 할 수 있다). 버킷숍에서는 실제 주식은 거래되지 않는다. 이들은 사설 경마장처럼 주식 가격에 대한 정보를 주식 거래소에서 받아서 이를 근거로 하여 고객과 거래를 한다. 고객은 실제 주식을 사고파는 것이 아니라 버킷숍에 대하여 일종의 가상 주식을 사고파는 것이다.

버킷숍이 돈을 버는 방법은 짐작하는 대로이다. 버킷숍의 영업 모델을 이해하려면 먼저 마진이라는 개념을 이해해야 한다. 당시에도 돈이 있는 사람은 일반 주식 거래소나 중개인을 통하여 거래했다. 사설 거래소에 가는 사람들은 돈이 없는 사람들이었다. 따라서 이들은 주로 마진 거래를 했다. 한마디로 거래 대금 전체를 내지 않고 일정 비율만 내는 것이다. 예를 들어, 만 원짜리 주식을 사면서 10퍼센트 마진을 취하면 천 원을 내는 식이다. 만약 주식의 변동량이 마진을 초과하면 매매 대금을 잃는다. 당시 버킷숍에서는 1퍼센트 대의 마진으로 거래를 했다고 한다. 만 원짜리 주식을 사면서 백 원을 내는 셈인 것이다. 대신 주식 가격이 1퍼센트 변동하면 매매 대금을 잃는다.

요즘은 마진 콜이 있어서, 거래 주식의 가격이 투자자의 거래 금액을 초과하면 추가 마진을 납입할 것을 요구한다(물론 증권 회사에서 말이다). 그러나 당시 버킷숍에서는 마진 콜이 없었다. 특정 주식이 상승할 것이라고 가정하여 주식을 샀는데, 그 주식이 한 번이라도 마진에 걸리면(즉, 특정 금액 아래로 내려가면) 투자자는 투자 금액을 모두 잃는 것이다. 왠지 친숙해 보이지 않는가. 요즘 유행하는 'KIKO' 라는 상품과 아주 유사하다.

제시 리버모어가 돈을 많이 벌자 'Boy Plunger' 라는 별명이 붙었다고 한다. 번역하자면 '하락장의 왕자' 또는 '폭락 소년' 이 된다. 그가 큰돈을 번 시기를 살펴보면 아주 흥미로운 교훈을 얻을 수 있다. 1909년 폭락장과 1929년 대폭락 때에 큰돈을 번 것이다. 제시 리버모어가 버킷숍에서 큰돈을 벌게 되자, 유명한 숍에서는 그에게 더 불리한 조건을 제시했다. 3포인트의 마진과 $1\frac{1}{2}$포인트의 프리미엄을 부과했다. 프리미엄은 현재 주가에 그만큼을 더하여 거래가 성사된다는 뜻이다. 그래도 제시 리버모어를 이길 수 없자 그는 버킷숍의 블랙리스트에 올랐고, 그는 어쩔 수 없이 버킷숍을 떠나 주식시장으로 가게 되었다.

버킷숍에서 하우스가 돈을 버는 또 다른 방법은 주식 브로커에게 연락하여 주식 가격을 큰손이 건 돈의 반대쪽으로 약간 움직이는 것이었다. 제시 리버모어가 어떤 주식이 하락한다는 쪽으로 돈을 걸면, 주식 매수 주문을 시장에 내서 주식 가격을 일정 시간 동안 상승시키는 것이었다. 이런 기술을 '버킷숍 드라이브bucket shop drive'라고 한다. 이 때문에 버킷숍들이 원성을 많이 들었다.

어쨌든 사랑하는 버킷숍을 떠날 수밖에 없었던 제시 리버모어는 주식 시장에 들어가자마자 크게 손해를 본다. 이유는 무엇이었을까? 이때 제시 리버모어는 커다란 교훈을 배우게 된다. 바로 버킷숍과 주식 시장은 다르다는 것이었다. 버킷숍에서의 거래에 대하여 다시 한 번 들여다보자. 버킷숍에서는 내가 주식을 사면, 하우스가 주식을 판다. 그리고 내가 주식을 팔면 하우스가 주식을 산다. 이것은 순수한 도박이다. 여기에는 가치투자나 장기투자의 여지가 전혀 없다. 여기에서 사고파는 것은 주식 자체가 아니라 주식 가격이기 때문이다. 그러므로 팔거나 사려고 할 때 사려는 사람이나 팔려는 사람이 있든 없든 아무 상관이 없다. 그리고 언제나 팔고자 주문을 낸 시점에서의 가격으로 거래가 성사된다.

앞서 이것이 주식 가격을 근거로 한 순수한 도박이라고 했는데, 이와 비슷한 시장이 하나 더 있다. 선물이나 옵션 등을 매매하는 파생상품 시장이다. 물리학에서는 주식 시장과 버킷숍의 차이를 마찰의 차이라고 말할 수도 있겠지만(거래비용도 없고, 매매에 있어서 어떤 제약도 없다), 금융에서는 이것을 유동성의 차이라고 말한다. 한마디로 버킷숍은 주식 시장보다 더 유동적이고 더 제한이 없는 시장이다. 이점은 나중에 깊이 살펴볼 것이다. 어쩌면 마진이나 프리미엄은 버킷숍의 수익 모델이기도 하지만 어떤 의미에서는 실제 시장의 유동성을 모방하려는 시도라고도 볼 수 있다.

보다 더 중요한 차이를 살펴보자. 버킷숍에서 매매하는 것은 실제 주식이 아니라 주식의 지수(가격)이다. 개념적으로는 어떤 마찰도 있을 수 없다. 그것은 파는 것에 있어서나 사는 것에 있어서나 마찬가지이다. 다른 말로 하자면, 버킷숍에서는 자기가 가지고 있지 않은 주식을 살 수 있지만, 동시에 자기가 가지고 있지 않은 주식을 팔 수 있다. 이것은 너무 중요한 진리이다. 이 진리는 주식 가격은 음수가 될 수 없다는(즉, 마이너스의 주가는 있을 수 없다는) 진리와 더불어 주식 거래와 관련된 가장 중요한 진실로 기억해야 한다. 마이너스의 주가가 있을 수 없다는 명제의 중요성에 대해서는 나중에 아주 상세히 설명할 것이다.

이것은 버킷숍이 주식 시장의 '추상적 구현' 또는 '추상화' 한 시장이기 때문에 가능한 것이다. 가지고 있지 않은 주식을 파는 행태, 즉 공매short sale는 바로 주식 시장의 특징이 아니라 파생상품 시장의 특징이다. 개념적으로 생각해보면 이런 거래가 있어야 한다는 것은 아주 당연하다. 생각해보라. 주식이 오를 것이라고 생각한다면 당연히 주식을 사야 한다. 그렇다면, 주식이 내릴 것이라고 생각한다면 당연히 주식을 팔아야 한다. 주식이 없어도 팔면 된다. 그러고 나서 나중에 주식 가격이 내렸을 때 주식을 사서 정산하면 된다. 이것이 바로 공매를 정당화하는 주장이다.

그런데 현실은 그렇지 않다. 가지지 않은 주식을 산다는 것은 주가 상승을 예상할 때 돈이 없는데 주식을 사겠다고 하는 이야기와 유사해지기 때문이다. 돈이 없는데 어떻게 주식을 사려고 하느냐고 묻는 사람은 이런 차이를 잘 이해하지 못하는 것이다. 그냥 누군가에게 돈을 빌려서 사면 되는 것이다. 누구에게 빌렸는지는 전혀 중요하지 않다.

이것을 버킷숍 이야기에 적용해보자. 버킷숍에서 뛰는 선수들은 마진의 제약 하에 움직인다. 제시 리버모어처럼 3포인트 마진을 받았을 때 오를 것이라고 예상하여 주식을 샀는데 3포인트 하락하면 다음에 다시 주가가 올랐다고 하더라도 돈을 잃게 된다. 주식을 공매하면(주가가 하락할 것이라고 예상하여 자기가 가지고 있지 않은 주식을 파는 사람은) 이와 똑같은 제약을 당한다. 주식 시장으로 돌아오면 주식을 사는 사람은(다른 사람에게서 돈을 빌리지 않는다면) 이런 제약이 없다. 하지만 주식 시장에서 주식을 공매하는 사람은 이런 제약을 받는다.

대체로 우리나라에서는 공매가 안 된다고 한다. 대주 제도라고 하여 증권사에서 주식을 빌려서 투자를 한다는 말이다. 엄밀하게 말하자면 요즘은 우리나라에서만 안 되는 것이 아니다. 미국에서도 대부분의 공매는 대주이다. 어쨌든 브로커이든 누구에게든 빌린 다음에야 팔 수 있는 것이다. 이렇게 하지 않는 것을 '벗은 공매naked short sale'라고 한다. 제시 리버모어 시절에는 이것이 가능했다. 이것이 미국에서 불가능하게 된 것은

1934년 증권거래법Securities Exchange Act of 1934 때문이다. 이에 따르면 거래일로부터 3영업일 이내에 매매한 주식을 정산해야 한다고 규정하고 있다. 상장 주식에 대해서는 3일의 창이 있다는 것이다. 그럼, 비상장 주식, 채권, 선물, 옵션은 어떠한가? 물론, 상장시장에서 거래되는 옵션이나 선물 같은 것을 거래하면 해당 법률에 따라서 (거의 당일에) 정산된다.

2005년 미국 SEC에서는 'Regulation SHO' 라는 것을 입안했다. 몇 가지 예외는 있지만, 이로써 미국에서도 대주가 아닌 '벗은 공매' 는 실질적으로 불가능해졌다. 이런 상황은 영국이나 호주도 마찬가지이고 대부분의 유럽에서도 벗은 공매에 대해서는 아주 많은 규제가 따른다. 하지만 미국의 경우에는 수많은 예외와 해석이 존재하기 때문에 열심히 연구해볼 가치가 있다.

현물 시장에서 먹히는
파생상품 기술, 공매

제시 리버모어의 진가는 하락장에서 발휘되었다. 그는 1907년에 큰돈을 벌었고, 1927년에는 더 큰돈을 벌었다. 물론 그가 사용한 방법은 공매였다. 버킷숍에서도 대체로 매도나 공매를 선호했던 것으로 보인다. 나는 그가 버킷숍에서(파생상품 시장에서) 주식 시장으로(현물 시장으로) 넘어오면서도 상대적으로 큰 실수와 부담이 없었던 것은 공매 때문이라고 생각한다.

공매는 현물 시장에서 먹히는 파생상품 기술이다. 여기서는 마진 콜이라는 약간 (투자자에게 유리하게) 수정된 방식으로 마진이라는 버킷숍의 기술이 먹힌다. 이것은 실제 주식을 사고파는 것보다 현실 시장에서 훨씬 마찰이 적다. 돈 없이도 (돈을 빌려서) 주식을 사는 신용거래와 비슷하다.

공매가 중요한 이유를 살펴보자. 공매는 현물 시장과 파생상품 시장을 잇는 다리이다. 버킷숍 드라이브라는 버킷숍의 관행을 생각해보라. 이것을 달리 말하면, 선물 시장에서 이득을 취하기 위해 현물 시장에서 손실을 감소하는 것이다. 하나의 요소가 두 개의 시장에 동시에 영향을 끼칠 때, 이득이 큰 시장에서의 이익을 취하기 위해서 이득이 작은 시장에서의 손실을 감소하는 이러한 관행을 지나치게 진행하면 사람들의 비난을 받고, 불법적인 것으로 규제를 받는다. 물론 사람들이 먼저 이런 관행을 이해하고 있어야 하지만 말이다.

이렇게 공매로 현물 시장과 파생상품 시장을 연결하는 다리 역할을 하게 하는 또 다른 방법은 아비트리지이다. 가장 전형적인 방식은 주식 가격이 오를 것이라고 예상하면 주식을 사는 것이다. 그 예상이 확실하지 않다면, 주식 선물을 팔거나 주식을 공매한다. 이렇게 하면 주식이 내려갈 때 입을 수 있는 손실을 막을 수 있다. 그리고 주식이 오를 때 취할 수 있는 수익 범위를 스스로 통제할 수 있다. 이런 가격을 극한까지 끌고 가면 위험을 최소화하거나 완전히 제거할 수 있는데, 이를 아비트리지라고 한다. 보통은 재정거래라고 부르는데, 일본식 표기라고 하여 차익거래라고 부르기도 한다.

만약 어떤 사람이 옵션과 주식으로 아비트리지를 구성했다고 생각해보자. 한 가지 문제는 주식 시장과 옵션 시장이 속도와 움직이는 패턴이 다르다는 것이다. 이때 옵션을 팔고 주식을 사는 거래를 구상하여 실행했다면, 운이 나빠 옵션은 팔았는데 주식은 사지 못하는 결과를 낳을 수 있다. 그리고 가격이 급변동하여 옵션은 원래 구상했던 가격을 주고 팔았지만 주식은 전혀 다른 가격에 살 위험도 여전히 있다. 하지만 공매, 특히 벗은 공매는 현물 시장에 남아 있는 파생상품 시장이라는 점을 기억해본다면, 옵션을 팔고 주식을 사는 거래는 마찬가지로 옵션을 사고 주식을 파는(공매하는) 거래로도 구성할 수 있는 것이다.

마지막으로 반드시 배워야 할 가장 중요한 점에 대해 이야기해보자. 제시 리버모어의 예가 극명하게 보여주듯이, 공매를 하면 아주 큰돈을 벌 수 있다. 현물 시장에서 파생상품 거래를 하는 것이기 때문이다. 또한 꽤 높은 레버리지를 쓸 수 있고(결국은 대주처럼 이것은 신용거래이다), 마찰이 없는 시장에서 즐길 수 있기 때문이다. 심각한 제약이 하나 있는데 공매로 인한 손실이 잠재적으로 무한정하다는 것이다. 결국, 머니 해킹에서 궁극적인 문제는 이 무한의 문제를 포함할 수밖에 없다. 이것에 대해 깊이 파헤쳐보자.

나는 앞에서 세상에서 가장 중요한 주식 시장의 진실을 이야기하면서, 마이너스 주가는 있을 수 없다는 말을 했다. 다음으로 중요한 진실로는 버킷숍에서는 가지고 있지 않은 주식을 팔 수 있다는 말도 했다. 만약 주가가 상승할 것이라고 생각하여 주식을 샀는데 반대 방향으로 주가가 움직였다면 아주 슬플 것이다. 그래도 바로 주가가 떨어지는 한도는 '0'이고 마이너스 주가는 있을 수 없다는 사실에서 위안을 받을 수 있다. 주식이 구입한 가격 이하로 떨어질 수는 있지만, 그 돈을 다 잃고 나면 주식은 더 이상 하락하지 않는다. 굉장히 잔인하지만, '오링'은 포커에서나 통하는 말이다.

돈을 다 잃고 나면 주식 시장은 더 이상 우리에게 신경을 쓰지 않는다. 주식을 사는 것과 파는 것의 가장 큰 차이는 바로 이것이다. 만약 주가가 하락할 것이라고 예상하여 공매를 했다면 입을 수 있는 손실은 무한하다. 주가는 무한히 올라갈 수 있기 때문이다.

사실 무한이라는 개념 속에는 공매로 큰돈을 벌 수 있는 비밀이 숨어 있다. 위험과 수익은 대체로 비례해야 하므로 무한한 돈을 배팅할 수 있다면 이길 수 있다. 공매를 할 때 지는 위험은 무한하지만 잃게 되는 돈은 유한할 수밖에 없다. 이 철학적인 개념은 나중에 상세히 살펴볼 것이다. 여기서는 무한이라는 잔인한 개념을 어떻게 피할 수 있는지를 살펴보겠다.

대부분의 나라에서 공매는 대주로만 가능하다. 주식을 빌려서 파는 것만 가능한 것이다. 그러나 제시 리버모어가 활약했던 시절에는 요즘처럼 정교한 파생상품 시장이 없었다. 그러므로 제시 리버모어의 전술을 파생상품을 이용하여 재구성할 수도 있다.

주식을 공매하는 대신 파생상품 시장에서 콜옵션을 매도하거나(콜옵션은 미래의 어떤 시점에서 주식을 매수할 수 있는 권리이다. 이것을 판다는 것은 다른 사람에게 미래의 어떤 시점에 나에게서 주식을 살 수 있는 권리를 주는 것이다) 풋옵션을 매수할(풋옵션이란 미래의 어떤 시점에서 주식을 매도할 수 있는 권리이다. 이것을 산다는 것은 다른 사람에게 미래의 어떤 시점에 나에게서 주식을 사야 하는 의무를 사는 것이다) 수 있는 것이다.

개념만을 살펴보면 이 둘은 비슷하지만 무한이라는 개념에서 살펴보면 천양지차이다. 콜옵션을 매도하면 주식 가격이 상승할 위험(무한한 위험)을 사는 것이다. 손실의 범위가 무한하다. 반대로 풋옵션을 매수하면 손실은 제한된다. 풋옵션을 행사할 의미가 없는 가격으로 주식 가격이 움직인다면(주가가 상승한다면) 돈을 화장실에 빠뜨린 것과 같다. 무한이라는 개념에서 살펴보면 콜옵션이든 풋옵션이든 매도한다는 것은 무한 손실의 가능성을 인정하는 셈이다. 다른 시장에서 다른 배팅을 함께 복합적으로 구성하는 경우가 아니라면, 자본금이 많지 않다면, 옵션 매도는 좋은 선택이 아니다. 비슷한 전략을 매수를 통해서도 할 수 있는 것이다.

제2의 제시 리버모어가 되고 싶다면, 공매야말로 특히 옵션 매도야말로 갈 길이다. 무한이라는 개념이 수익의 비대칭성과 어떤 관련이 있는지는 나중에 살펴볼 것이다. 공매가 없어졌다고 해도 너무 슬퍼할 필요는 없다. 옵션 시장에서도 이와 비슷한 일을 할 수 있다. 게다가 옵션 시장에서는 매도와 매수라는 두 가지 옵션을 부여하고 있으니 다행스러운 일이다.

물타기 하다
인수하는 경우

MONEY
HACKING

2007년 5월 한동안 유비에스에서 하이닉스 주식에 물타기를 한 적이 있다. 그 주식이 떨어지지 않고 유지되는 것에 대해서 농담 삼아 이런 말을 한 적이 있다. "물타기 하다 인수했어요."

물타기란 주식을 사놓고, 주식 가격이 떨어지면 계속 주식을 매수하는 전략이다. 이 전략의 기본적인 전제는 물타기로 매입비용을 떨어뜨린다는 것이다. 3만 원에 거래되는 주식을 100주 사놓고, 주식 가격이 2만 원으로 떨어졌을 때 추가로 같은 수를 매입하면 매입비용은 2만 5천 원으로 떨어진다. 만 원으로 떨어졌을 때 추가로 같은 수를 매입하면 2만 원으로 떨어지는 것이다. 이 전략은 주가가 재상승할 때나 워렌 버핏이나 벤저민 그레이엄처럼 아예 상장폐지가 되거나 인수 합병할 때 주효하다. 가치투자의 관점에서 보자면 양쪽으로 보호가 되는 셈이다. 나중에 주식 가격이 오르면 팔고, 계속 떨어져서 대책이 없어지면 아예 인수해버리거나 (주식이 아니라) 자산으로 팔아버리면 된다.

개인도 이런 전략을 종종 사용하는데, 이것을 정기적립 또는 정기정액매입법이라고 부른다. 이런 형태는 증권사에서 추천하는 대로 가격의 상승과 하락에 상관없이 언제나 일정 금액의 주식을 사두는 것이다. 적립식 펀드 같은 상품도 마찬가지다. 주식을 통해 공돈을 벌고자 한다면 둘의 유사성을 간파할 수 있어야 한다.

전문가들조차도 가치투자와 모멘텀 투자가 비슷한 것 또는 상호보완적인 것으로 생각한다. 종목을 선정할 때에는 가치투자적으로 접근하고, 매입 시기를 선정할 때는 모멘텀 투자를 하라는 것이다. 나는 이 책에서 둘이 이런 식으로는 양립이 불가능한 상호배타적인 접근법이라고 밝히고 있는데 둘의 차이가 가장 명확히 드러나는 것이 바로 정기적립에 대한 서로 다른 접근법이다.

벤저민 그레이엄의 『현명한 투자자』에서는 물타기를 이렇게 설명하고 있다. 어떤 사람이 1929년부터 1948년까지 20

년 동안 매달 15달러씩 다우존스산업평균DJIA을 구성하는 30개 주식을 샀다면, 그는 20년 동안 연간 복리 8퍼센트의 수익을 올렸을 것이다. 그런데 같은 기간 동안 다우존스산업평균은 지수 300에서 시작해서 177로 떨어졌다. 벤저민 그레이엄은 톰린슨의 연구 결과를 인용하면서 이렇게 말한다. "아직까지는 정기정액매입법만큼 주식 가격에 상관없이 궁극적으로 성공할 것이라는 신념을 가지고 사용할 수 있는 투자 공식을 발견해내지 못했다."

이런 접근법은 가치투자의 강력한 옹호자인 바턴 빅스의 입장에서도 나타난다. 그는 『투자 전쟁』에서 경제지표를 철저히 분석한 후 주식을 샀는데 10퍼센트의 손실이 발생했다면, 이런 지표를 체계적이고 광범위하게 검토해서 변동 사항이 없는지 확인하고 변동이 없다면 그 종목을 더 많이 사야 한다고 주장했다. 결국 물타기는 가치투자의 핵심이다.

기술적 분석주의자들은 반대 입장을 취한다. 제시 리버모어는 올라가는 주식을 사고, 내려가는 주식을 팔아야 한다고 주장한다. 바보만이 계속 내려가는 종목을 산다는 것이다. 가치투자의 원칙 가운데 가장 비판을 많이 받는 이론이 바로 물타기이다. 워렌 버핏처럼 물타기로 아예 회사를 통째로 사버리면 되지만, 다음 비판을 눈여겨볼 필요가 있다.

1. 주식이 장기적으로 상승세에 있을 거라고 예상한다면(그리고 큰 돈을 상속받았다면) 상승세가 시작하는 시점에 모두 넣어두어야 가장 큰 이익을 볼 수 있다. 너무나 상식적인 이야기로 들리겠지만, 길에 떨어진 만 원짜리를 줍지 않을 것 같은 프리스턴 대학의 버튼 G. 맬킬 교수가 쓴 『월스트리트의 랜덤 워크』에 나오는 말이다. 게다가 이러한 펀드는 더 나쁜 것이 수수료가 너무 비싸다는 점이다.

2. 주식이 장기적으로 하락세에 있을 거라고 예상한다면 아예 주식을 안 하는 게 제일 좋다. 일본 에토 이사의 주식을 적립식으로 구입한 사람은 회사가 파산하여 0원을 받았다. 일본의 니케이 지수는 1989년에 4만 이상까지 올랐다가 15년이 지나서 12,000 수준이 되었다. 여기서 물타기를 했다가는 인생을 망치기 십상이다. 지금까지 적립식 투자가 이익을 봤던 이유는 지난 200년간 주식시장이 강세장이었기 때문이다. 이 이야기는 테리 번햄 교수가 쓴 『비열한 시장과 도마뱀의 뇌』에서 나오는 것이다.

적립식 투자와 물타기의 유일한 차이는 다음과 같다. 적립식 투자자들과는 다르게 선수들만이 하는 물타기에서는 잘나가는 주식에서 돈을 빼서 안 나가는 주식에 물타기를 한다는 점이다. 이것은 적립식 투자자들의 입장에서도 진지하게 고민을 해봐야 할 문제이다. 심각한 기회비용의 문제를 일으키기 때문이다.

그렇다면 모멘텀 투자에서는 어떻게 하는 것일까? 정확히 반대로 한다. 물타기는 매입비용을 떨어뜨리는 전략이다. 그러나 모멘텀 투자에서는 항상 오르는 주식을 사기 때문에 매입비용을 높인다. 직관적으로 보면 나쁜 전략처럼 보이지만, 한 걸음 물러나서 생각해봐야 한다. 돈 버는 방법에는 두 가지가 있다.

첫째는 비용을 떨어뜨리는 것이고, 둘째는 수익을 높이는 것이다. 비용을 떨어뜨리려 할 때는 장기적인 강세장으로 될 것이라는 확신이 있어야 하고, 그렇게 되지 않을 때를 대비하여 백업 플랜을(워렌 버핏의 인수 전략을 기억하라) 가지고 있어야 한다.

모멘텀 투자는 물타기와 정반대의 전략을 취하기 때문에 다른 이름이 있다. 바로 '피라미드 쌓기'이다.

다음 표를 살펴보자. 이 표는 나중에 리스크 관리를 보여주기 위해 좀 더 확장할 것이다. 지금은 우선 매입 측면만 자세히 살펴보자. 주식 가격은 2만 원에서 2천 원씩 올라 결국 2만 8천 원까지 가는 상황이다.

단위	매입가격	매입	이익 / 손실
1	20,000	1	0

단위	매입가격	매입	이익 / 손실
1	20,000	1	2,000
2	22,000	1	0

단위	매입가격	매입	이익 / 손실
1	20,000	1	4,000
2	22,000	1	2,000
3	24,000	1	0

단위	매입가격	매입	이익 / 손실
1	20,000	1	6,000
2	22,000	1	4,000
3	24,000	1	2,000
4	26,000	1	0

단위	매입가격	매입	이익 / 손실
1	20,000	1	8,000
2	22,000	1	6,000
3	24,000	1	4,000
4	26,000	1	2,000
5	28,000	1	0
이익합계	120,000	5	20,000

물론 이것은 가상이고 디즈니랜드의 해피엔딩이지만 물타기의 반대가 어떤 모습인지 알아볼 수 있다. 이렇게 오를 것이라고 장담했다면 처음에 10만 원을 내고 다섯 주를 샀어야 했다(그러면 이익은 4만 원이 났을 것이다). 만약 제법 큰돈을 굴린다면, 나중에 매각할 때에도 한꺼번에 팔지 못한다. 제시 리버모어가 말했듯이 상승장에서는 피라미드를 쌓듯이 계속 사들이고 하락장에서는 피라미드를 없애듯이 계속 조금씩 팔아나가야 한다. 실현하지 못하는 이익까지 하면 이익 규모는 훨씬 더 작아진다. 반대로 계속 주가가 오른다면 매입량을 늘려 이익을 크게 키울 수 있다. 계속 오른다면 처음에는 1주, 두 번째는 2주, 세 번째는 4주를 사는 것이다. 이익과 손실의 계산은 직접 해보라.

하지만 기술적 투자의 핵심은 예측할 수 없는 상황에서 어떻게 큰돈을 버느냐 하는 것이다. 이에 대해 가치투자자는 열심히 공부하면 단기적으로는 몰라도 장기적으로 공돈이 어디에 숨어 있을지를 알 수 있다는 말하고(이유까지 알 수 있다고 말한다), 모멘텀 투자자는 그런 것은 알 필요가 없다고 말한다.

나는 가치투자자나 모멘텀 투자자가 되라고 말하는 것이 아니다. 다만 해커처럼 돈 문제에 접근하라는 것이다. 사람들이 펀드 투자 같은 것에서 큰 손실을 보는 이유는 알아야 할 것을 어설프게 알았기 때문이다. 우선 모멘텀 투자자들이 어떻게 생각하고 움직이는지를 철저히 알아보자.

세상에는 기술적 분석주의자들이 제법 많다. 그리고 기술적 분석이나 그 변형을 이용하여 공돈을 벌려고 하는 컴퓨터도 꽤 많다. 솔직히 나는 40년 인생을 살아오면서 가치투자를 하는 컴퓨터는 들어본 적도 없다. 이런 컴퓨터들이 어떻게 생각하고 무엇을 하는지는 나중에 알려주겠다. 가장 중요한 것은 이토록 많은 사람들과 컴퓨터들이 그렇게 생각한다면 시장은 대체로 그렇게 된다는 것이다. 이것을 전문용어로는 '자기충족적 예언' 이라고 한다. 자기충족적 예언의 대표적인 예는 모든 사람이 은행이 망할 것이라고 생각해서 은행으로 달려가 돈을 인출하면, 실제로 은행이 망한다는 것이다. 이런 일은 현실에서 자주 일어난다. 이런 일이 생기는 이유를 철저히 알아두면 인생에 큰 도움이 될 것이다.

지금까지는 가치투자와 모멘텀 투자의 차이를 살펴보았다. 특히 물타기와 피라미드 전술의 차이를 살펴보았는데 이제는 피라미드 전술을 보다 구체적으로 알아보자. 특히 피라미드 전술은 시장 상황을 예상할 수 없을 때 유용하다.

현물 시장과 선물 시장의 차이점은 단지 시간 상의 차이가 아니다. 공돈을 버는 비결(현대 금융 이론)의 핵심 개념은 바로 시간과 위험이다. 현물 시장과 선물 시장(파생상품 시장)의 차이점을 개념적으로만 알고 있다면 지금부터 개념상의 차이(시간 지평의 차이)가 어떻게 행동상의 차이를 낳는지를 알아보자. 피라미드 전술의 위험관리 전술도 알고 있으면 좋은데, 이것은 피라미드 전술뿐만 아니라 블랙숄즈 모델 등과 같이 옵션의 가격결정 구조에도 그대로 녹아 있기 때문이다.

현대의 금융 이론을 배우려면 가치투자보다는 모멘텀 투자를 좀 더 세밀하게 살펴보아야 한다. 현대의 금융 이론의 핵심은 현미경과 망원경을 총동원하여 공돈이 어디 있는지를 샅샅이 찾아보는 것이다. 다음 장에서는 공돈을 버는 전술을 찾아 헤맨 MIT 천재들의 이야기를 살펴볼 것이다. 이들이 라스베가스의 블랙잭 판에서 펼친 활약상은 책과 영화로 만들어져 많은 사람들에게 감명을 주었다.

카지노와 주식시장 :
블랙잭으로 알아보는
공돈의 경제학

M O N E Y
H A C K I N G

지금까지 이러한 이야기를 한 이유는 블랙잭 때문이었다고 해도 과언이 아니다. MIT 천재들의 이야기는 결국 기본적 분석과 기술적 분석의 핵심적인 차이는 배팅 스타일의 차이라는 것을 보여주었다. 지금부터 이기는 배팅 스타일을 배워보자.

1994년에 수학을 잘 하는 한 학생이 MIT에 입학했다. 그는 대학에 들어가자마자 블랙잭으로 큰돈을 버는 방법을 연구하는 비밀 클럽에 가입한다. 거기에서 카드 카운팅이라는 BS(Basic Strategy: 블랙잭의 기본 전략)를 배운다.

이것은 간단한 확률 모형이다. 이것이 가능한 이유는 블랙잭은 연속 확률로 나오기 때문이다(블랙잭에는 과거가 있다). 좀 더 쉽게 설명하자면, 에이스가 네 장이 나오면 더 이상 에이스는 없는 것이다. 블랙잭의 기본 구조는 이러하다. 2부터 6까지에 대해서는 +1점을 주고, 10 이상에 대해서는 −1점, 7, 8, 9에 대해서는 0점을 준다. 이렇게 계산한 숫자가 높다는 것은 낮은 카드가 많이 나왔다는 것이므로 유리한 것이다. 이제 팀을 짜 어떤 사람들은 테이블에 앉아서 돈을 조금씩 걸면서 나온 카드를 열심히 계산하고, 또 다른 사람들은 주위를 돌아다니며 상황을 살핀다. 카드 점수가 유리해지면 자기들만이 아는 신호로 선수를 부른다. 그러면 그 선수가 판에 들어가서 크게 걸어 크게 따는 것이다.

이것은 간단한 확률에 근거한 배팅 모형이다. 이 시스템은 1963년 에드워드 소프가 처음 만들었다. 그는 MIT의 수학교수였는데 최초로 블랙잭에서 사용될 카드 카운팅을 수학적으로 연구했다. 그리고 『딜러를 이겨라Beat the Dealer』라는 책을 써서 돈을 많이 벌었다. 에드워드 소프와 MIT 학생들의 차이점은 카지노에서 쫓겨난 다음에 한 행동에 있다. 그는 이 기술을 주식시장에 적용할 방법을 연구했고 『시장을 이겨라 Beat the Market』라는 책을 남겼다. 흥미로운 것은 그가 이 방법을 주식 워런트 시장에 적용해 꽤 재미를 보았고 이 워런트 헤징 시스템을 『시장을 이겨라』에서 공개한 것이다. 이 책은 블랙/숄즈 등에 의해 명문화되는 델타 헤징에 관하여 토의한 최초의 책이 된다. 그리고 그는 1970년대에 프린스턴/뉴포트라는 일종의 헤지펀드를 만들어 운영했다.

여기에서는 블랙잭과 주식시장이 무슨 관계가 있는지 알아보자. 블랙잭은 과거를 기억한다. 몇 벌을 가지고 치든지에 상관없이 매번 새롭게 셔플링하지 않는 한, 과거에 나온 카드의 종류와 수가 미래에 나올 카드를 결정한다. 만약 주식 시장이 이와 같다면 블랙잭의 게임 플랜을 그대로 주식 시장에 적용하면 될 것이다. 그렇지 않다면 전혀 다른 접근법을 취하거나 새로운 시스템에 맞도록 접근법을 수정하여 사용해야 할 것이다.

물론 주식 시장에도 정형화된 패턴을 보일 수밖에 없는 시스템상의 특성이 있다. 자기충족적 예언을 돌이켜보자. 많은 사람들이 은행이 곧 망할 것이라고 예상하면 돈을 인출할 것이고 이 때문에 은행은 정말로 망할 것이다. 이와 비슷한 특성이 주식시장에도 존재한다. 손실한정주문stop-loss order을 예로 들어보자. 이것은 투자자가 가지고 있는 주식이 어느 기준을 통과하면 바로 팔라는 주문이다. 이것은 투자자의 입장에서 손실을 한정하기 위해서 존재하는 것이다. 돈을 빌려서 거래하거나 대주거래(남의 주식을 빌려서 파는 것)를 하는 경우에는 가격이 일정 수준을 넘어서면 매도 또는 매수 압력을 받게 된다. 그리고 모멘텀 투자자는 주식 가격이 오르기 시작하면 주식을 사고, 내리기 시작하면 주식을 판다. 얼핏 보기에 사소할 수 있는 이러한 요인으로 사소한 변동이 걷잡을 수 없는 수준으로 증폭되기도 한다. 먼저 포트폴리오 보험을 배우고 나서 이런 시스템적인 특성이 어떻게 경제공황 수준의 금융 위기를 일으킬 수 있는지에 대해서 알아보겠다.

이런 시스템적인 특성을 제외하고는 대체로 주식 시장은 효율적이고 합리적이라고 가정한다. 앞서 나는 효율적 시장 가설이라는 것이 결국 길에 만 원짜리가 떨어져 있어도 줍지 말아야 한다는 것이라고 말했다. 그 이유와 효과를 자세히 알아보자. 눈 밝은 독자라면 블랙잭 시스템과 주식 투자 시스템은 기술적 분석이 아닌 전혀 다른 종류의 별종이라는 사실을 눈치 챘을 것이다. 주식 시장의 기술적 분석이 아닌 '공돈의 경제학'에 대해서 이야기하고 있는 것이다.

에드워드 소프는 대학원에서 물리학을 배울 당시 친구들과 룰렛에 대해 토론을 벌였다. 카지노에서 사용하는 룰렛 원반은 완벽해서 당첨 가능성이 큰 숫자를 예측하는 것이 불가능한가에 대한 것이었다. 의견은 반반으로 갈라졌는데, 그는 어떤 경우에도 돈을 벌 수 있다고 주장했다. 원반이 물리적으로 완벽하다면 물리 법칙을 이용해서 공의 방향을 예측할 수 있을 것이고, 결함이 있다면 특정 숫자에 유리하기 때문에 돈을 벌 수 있다는 것이었다. 그는 자기가 개발한 시스템을 실험해보기 위해 몸에 지닐 수 있는 컴퓨터를 개발하여 그것을 이용하여 룰렛 게임을 했다. 그때가 1950년대였다.

그다운 접근법이다. 기술적 투자에서는 주식시장이 어떤 패턴대로 계속 반복한다고 말한다. 나는 이것이 엄밀히 말해 과학이라기보다는 예술에 더 가깝다고 생각한다. 아마 에드워드 소프도 그렇게 생각했을 것이다. 그는 블랙잭에서와 마찬가지로 패턴에 상관없이 돈을 버는 방법을 생각해냈다. 하지만 그가 주식시장을 위해서 고안한 방법은 블랙잭처럼 과거의 역사가 있는 자료일 필요가 없다. 이 점에서 그의 방법은 기술적 투자와 다르다.

그가 투자를 시작할 무렵인 1960년대 미국에서는 워런트라는 일종의 스톡옵션이 있었다. 이것은 미래의 어떤 시점에서 주식을 특정 가격에 매입할 수 있는 권리였다. 이런 증권의 가격은 증권 가격에서 행사가를 뺀 것일 것이다. 하지만 당시에는 이런 계산을 정교하게 할 수 있는 시스템이 없었기 때문에 가격이 들쭉날쭉했다. 에드워드 소프는 확률 모형을 만들어 이를 계산했는데 일반적으로 워런트가 너무 비싸게 팔린다는 사실을 알게 되었다. 그래서 그는 워런트를 공매도 하기로 했다.

하지만 승률이 99퍼센트라고 하더라도 예상치 못한 일이 생길 여지는 있다. 그는 특정 워런트를 공매도하면서 해당 주식자체를 매입했다. 이제 여기서 배워야 할 핵심에 도달했다. 어떤 사람들은 이미 눈치 챘겠지만 이런 투자 패턴은 계속 나왔던 방식이다. 앞에서 워렌 버핏이나 벤저민 그레이엄도 일종의 인수합병 아비트리지(피인수 기업 주식을 사고 인수기업 주식을 공매도하는 기술)를 했다고 배웠다. 그리고 에드워드 소프도 이렇게 주식을 팔고 옵션(워런트)을 샀다. 그들은 왜 이런 행동을 했을까?

앞에서 배운 것은 블랙잭을 간단한 확률게임으로 바꾸는 전술이었다. 핵심은 유리한 확률의 패가 나오기 시작할 때를 포착해 확률에 따라 배팅 금액을 조절하는 것이다. 블랙잭 테이블로 돌아가보자. 게임 시나리오는 이렇다. 대여섯 팀이 카지노에 투입되었다고 해보자. 이중에 네 팀은 테이블에 나누어 앉는다. 이들의 목표는 돈을 따는 것이 아니라 점수를 세는 것이다. 이들은 배팅 금액을 높이지 않으면서 이미 나온 카드 점수를 센다. 나머지 한두 팀은 약간 취한 척하며 주위를 돌아다니며 정신없게 게임을 진행한다. 테이블에 앉아 있는 팀 가운데 어느 팀에서 점수가 꽤 높아지면 신호를 보내 크게 노는 팀을 불러들인다. 이때는 이미 카드 배치, 즉 승률이 유리하게 되어 있는 것이다. 이때 크게 배팅하여 크게 따는 것이다. 작게 치는 팀은 목적이 카드 카운팅에 있으므로 적은 돈으로 조금씩 잃어줘야 한다. 욕심을 부리다가는 들통나게 된다. 이때 이들이 잃는 돈은 큰돈을 따기 위한 수업료인 셈이다.

에드워드 소프의 주식 투자 전략으로 돌아가보자. 그의 전략의 핵심은 잃을 수 없는 포지션을 만드는 것이다. 워런트를 사고 이에 상응하는 주식을 판다고 했을 때, 주식 가격과 워런트 가격이 같은 방향으로 움직이기만 한다면 잃을 일이 없다. 가격이 특정한 방향으로 벌어진다면, 그쪽 방향으로 투자 금액을 늘이면 이익을 누릴 수 있는 것이다.

이야기하고 보니, 도박사들이 이미 다 알고 있는 것들이다. 포커를 해본 사람이라면 승패는 포커나 스트레이트플러시 같은 높은 패를 누가 많이 잡았는지가 중요하지 않다는 것을 알 것이다. 투페어 싸움에서 누가 많이 이겼느냐에 따라 승패가 결정되는 것이다. 결국 승패를 결정하는 것은 이길 확률이 높을 때 판돈을 높이고 질 확률이 낮을 때 판돈을 낮출 수 있는 능력이다.

에드워드 소프는 경마에도 관심이 많았다. 그렇다면 경마에서 절대 돈을 잃지 않는 방법은 무엇인가? 예상 승률 같은 것을 전혀 모른다면 모든 말에 돈을 다 거는 것이 가장 좋다. 이길 가능성이 높은 말이 두 마리라면 두 마리 모두에 돈을 거는 것이 돈을 잃지 않는 비결이다. 세 마리라면 세 마리 모두에 거는 것이다. 이렇게 돈을 잃지 않는 전략을 먼저 세운 뒤에, 특히 승률이 높은 말이 있어 거기에 돈을 걸고 싶다면 자신이 믿는 만큼 많이 걸면 되는 것이다.

여기서 주의할 점은 돈을 더 벌 가능성을 높이면 돈을 잃을 가능성도 높아진다는 것이다. 이것이 바로 금융에서 두 번째로 중요한 주제라고 말했던 '위험'이라는 개념이다. 처음 금융 공부를 할 때 이해하기 힘든 것 중 하나가 돈 딸 가능성도 위험이라고 말하는 것이다. 이해하기 어렵다면, 모든 변화 (현상유지가 안 되는 상황)를 '위험'이라고 생각하면 된다. 아니면 위험 없이는 돈을 벌 수 없다고 생각하는 것이다. 이것은 아주 중요하다. 도박사들은 이 진리를 옛날부터 알고 있었기 때문에, 사람들은 이 개념을 중요하지 않다고 오해하기도 한다. 하지만 이 개념을 경제학과 수학에 적용하여 위험 없이는 수익도 없다는 진리를 발견해 노벨상을 받은 경제학자도 있다.

에드워드 소프는 어떻게 큰돈을 벌었나?

앞서 워렌 버핏이 큰돈을 번 이유 중 하나가 아비트리지라고 말했다. 워렌 버핏의 『워렌 버핏의 가치투자전략』을 통해 자세히 살펴보자.

우리는 항상 10~15가지의 차익거래를 진행하고 있다. 일부는 시작 단계에 있고 일부는 완료 단계에 있다. 또한 차익거래에 투자하는 데 필요한 자금의 일부를 차입하기도 한다. 이 분야는 수익률 면에서뿐만 아니라 시장 중개행위 면에서도 안전성이 높기 때문이다.

워렌 버핏이 한 것은 M&A 아비트리지이다. 전형적인 예를 들자면, 머크가 파이저를 주당 85달러에 인수하기로 제시한 경우, 파이저의 주식이 80달러에 거래된다고 하면, 파이저의 주식을 사서 인수시까지 가지고 있는 것이다. 사실 이것은 엄격한 의미에서 아비트리지는 아니다. 이런 것을 아비트리지와 구분하기 위해 '리스크 아비트리지'라고 부른다.

워렌 버핏은 자신이 한 아비트리지 거래에 대해서는 별로 이야기를 하지 않는데, 벤저민 그레이엄과 일하던 1954년에 있었던 아비트리지에 대해서는 자주 이야기한다. 록우드(초콜릿 제조업)는 가까스로 이익을 내고 있었는데 일시적으로 코코아 가격이 10배가 급등했다. 그러자 재고를 빨리 처분하려고 했는데 그러기 위해서는 50퍼센트의 소득세를 내야 했다. 하지만 국세청에서는 기업 구조조정의 일환으로 주주들에게 재고품을 팔면 세금을 내지 않겠다고 했다. 그러자 록우드는 코코아 버터 사업부를 매각하고 1,300만 파운드의 코코아 열매를 재고로 양도하겠다고 발표했다. 그리고 주주들로부터 주식을 환매하고 대금은 주당 80파운드의 코코아 열매로 치르겠다고 제안했다. 당시 코코아 가격은 파운드당 60센트였고, 록우드의 주가는 15달러였으니 실제로는 주당 48달러에 환매하는 셈이었다. 워렌 버핏은 주식시장에서 주식을 사서 록우드에 되팔고 주식 대신 받은 코코아 열매를 팔아 그 수익으로 또 주식을 샀다. 코코아 열매 가격과 록우드 주가 가격의 차이가 줄어들 때까지 이 일을 계속했다. 여기서 차익거래가 결국은 주식의 시장가격과 회사의 장부가격 차이의 격차라는 점을 간파하지 못했다면 책을 처음부터 다시 읽어야 한다. 가치투자의 핵심에는 청산가치, 현금 흐름, 장부가치 등의 개념이 자리하고 있는 이유와 이것들이 가치투자의 백업 전략임을 깨달을 때까지 다시 읽어야 할 것이다.

이런 이유 때문에 워렌 버핏은 효율적 시장 가설을 싫어했다. 효율적 시장 가설이 옳다면 자신이 벌어들인 수익은 가짜이기 때문이다. 그는 아주 어렸을 때 벤저민 그레이엄에게 차익거래에 대해 배워 평생을 써먹었다.

이 거래의 핵심은 다른 시장에서 다른 가격으로 움직이는 상품을 찾아내는 재주에 있다. 이 기술은 제이 굴드가 금과 관련하여 개발했다고 알려져 있다. 이것을 예술로 승화시킨 사람이 바로 에드워드 소프이다. 그는 제임스 리건이라는 주식중개인과 함께 헤지펀드를 만들었는데, 공교롭게도 이 무렵 워렌 버핏의 투자조합이 문을 닫는다. 워렌 버핏의 고객이 다른 투자처를 찾다가 에드워드 소프의 능력이 궁금하여 워렌 버핏에게 한번 만나보라고 요청했다. 그래서 에드워드 소프 부부와 워렌 버핏 부부가 만나서 브리지 게임을 하게 된다. 둘은 서로를 긍정적으로 평가했다. 에드워드 소프의 전략은 컴퓨터를 이용하여 옵션(워런트 주식) 가운데 가격 결정이 잘못된 것을 찾아내서 투자를 하고 원본 주식을 통해 헤지하는 것이었다. 너무 비싼 워런트를 팔고 그 위험을 원래 주식을 매수함으로써 헤지하는 것이었다. 대표적인 예를 두 가지 들어보자.

첫째는 1988년에 만기가 도래하는 아메리칸모터스의 전환사채 거래이다. 이 채권은 1,000달러에 발행되었지만 600달러로 하락했다. 채권 하나는 주식 100주와 교환될 수 있었는데 주식은 주당 6달러에 팔리고 있었다. 채권이 전환 후 주식 가격과 같은 가격에 팔렸던 것이다. 그래도 채권은 채권이기 때문에 이자를 받을 수 있었고(8.33퍼센트), 만기 때까지 참으면 원금을 돌려받게 되어 있었다. 파산해도 채권이기 때문에 주식보다는 손해를 덜 볼 것이었다. 에드워드 소프는 8퍼센트의 이율로 자금을 차입하여 이 회사의 전환사채를 사고 주식을 공매했다. 그는 이자율의 차이로 0.33퍼센트의 순이익을 올렸고 주식을 공매한 대금을 다시 6퍼센트의 이율로 대출해주어 주식 가치가 '0'이라고 하더라도 순이익이 6.33퍼센트가 되는 상황을 만들었다.

1981년 미국 정부는 AT&T가 독점이라는 판결을 내려 이 회사는 8개의 회사로 분할되었다. AT&T의 옛 주주들은 7개의 베이비벨 주식과 새로운 AT&T 주식을 받았다. 투자자들은 베이비벨 주식과 새로운 AT&T 주식을 거래할 수 있었다. 이런 상황에서 에드워드 소프는 AT&T의 옛 주식이 새로운 회사의 주식보다 약간 싸다는 사실을 발견했다. 다른 사람들도 이것을 알았지만 그 차이가 너무 적었기 때문에 거래비용을 내고 나면 남는 것이 없을 것이라고 판단했다.

에드워드 소프는 막대한 자금을 차입하여 약 3천만 달러를 내고 구 AT&T 주식 500만 주를 사고(당시 그가 운영하던 프린스턴 뉴포트의 자본금이 약 6천만 달러였다), 베이비벨과 신 AT&T 주식을 공매했다. 이 거래로 그는 차입금 이자 80만 달러를 내고 나서도 약 160만 달러의 순이익을 올렸다.

에드워드 소프의 헤지펀드인 프린스턴뉴포트파트너스가 1969년 출범할 당시 1달러를 투자한 사람이라면, 19년 뒤 1988년 해체될 때에는 14.78달러를 받았을 것이다. 투자자들은 보수공제 후 복리수익으로 연평균 15.1퍼센트를 올렸다. 물론 조지 소로스나 워런 버핏은 이보다 약간씩 더 높은 실적을 올렸다. 하지만 그의 펀드가 훨씬 안정적이었다. 프린스턴뉴포트의 수익의 표준편차는 약 4퍼센트였다.

진정으로 머니 해킹에 관심이 있다면 '얼마나'에서 '어떻게' 관심을 옮겨야 한다. 눈 밝은 사람이라면 워렌 버핏, 벤저민 그레이엄, 에드워드 소프가 이런 식의 아비트리지 거래에 대해서 잘 알고 있었고 적극 활용했다는 사실을 간파해야 한다. 차이점은 워렌 버핏과 벤저민 그레이엄은 자기 포트폴리오의 일부만 특히 여유자금이 많을 때에만 이런 투자를 한 반면, 에드워드 소프는 항상 이런 투자를 할 기회만을 찾고 있었다는 것이다.

길에 떨어진 만 원짜리를 줍지 않는 교수님들은 이런 사람들을 아주 싫어했는데, 그 중 하나였던 윌리엄 샤프 교수는 자본자산가격결정모델CAPM을 열심히 연구했다. 에드워드 소프는 아메리칸모터스 전환사채 거래에 대하여 그에게 알려주었다. 이에 대한 윌리엄 샤프 교수의 반론은 다음과 같다.

1. 세상에는 소극적 투자자(방어적 투자자)와 적극적 투자자(공격적 투자자)가 있다.

2. 소극적 투자자는 시장을 이길 수 없다고 생각하기 때문에

시장의 변동만큼만 가져가려 한다.

3. 적극적 투자자는 시장을 이길 수 있다고 생각하기 때문에, 시장의 변동보다 많이 가져가려 한다.

4. 소극적 투자자가 가져가는 돈과 적극적 투자자가 가져가는 돈을 합하면 시장의 변동에 따른 수익의 총량과 같다.

5. 그러므로 적극적 투자자가 가져가는 돈은 시장의 변동에 따른 수익의 총량에서 소극적 투자자가 가져가는 돈(시장의 변동에 따른 수익의 총량에서 자기 몫)을 뺀 돈과 같다.

6. 그러므로 적극적 투자자가 가져가는 돈도 시장의 변동에 따른 수익의 총량에서 자기 몫만큼밖에는 없다.

7. 그러므로 적극적 투자자가 가져가는 돈과 소극적 투자자가 가져가는 돈은 결국 같다.

아주 우아한 정의이지만 이것으로는 워렌 버핏과 에드워드 소프 같은 사람을 설명할 수 없다. 이것을 인정하는 방법은 두 가지이다. (1) 소극적 투자자가 시장의 변동 수익만큼을 가져가기를 원하지만 실제로 그렇게 가져가지는 못한다. (2) 적극적 투자자들 가운데에는 큰돈을 버는 사람도 있지만 큰돈을 잃는 사람도 있다(이것은 결국 제로섬 게임이다). 그러나 에드워드 소프와 워렌 버핏 같은 사람들은 자신들이 버는 돈이 누구 돈인지는 별로 신경 쓰지 않는다.

이런 투자 전략을 우리는 아비트리지라고 한다. 길에 떨어진 만 원짜리를 줍지 않는 교수들의 목표는 효율적 시장 가설 안에서는 이런 아비트리지가 불가능하다는 것을 입증하는 것이다. 하지만 시장이 효율적이라는 것은 결국 '가설' 일 뿐이다.

여기서 재미있는 이야기를 하나 해보자. 나는 아인슈타인 이야기를 하면서 시간이 불가역적이기 때문에 복리 이자가 중요하다고 말했다. 내가 가장 좋아하는 책 중에 하나인 『은하계를 여행하는 히치하이커를 위한 안내서』에는 우주 끝에 있는 레스토랑 이야기가 나온다. 여기에는 말 그대로 우주 끝에 있는 레스토랑이 있는데 그 사업 모델이 참 오묘하다. 이 레스토랑은 우주 맨 끝에 있고, 우주의 맨 마지막 날에 영업을 한다. 이곳에 오는 사람들은 모두 타임머신을 타고 온다. 이 레스토랑에서 멋있는 식사를 하면서 우주 종말을 구경하는 것이다. 정말 장관일 것이다. 그리고 자기 시대로 되돌아가서 레스토랑에서 지정하는 계좌로 1원을 지불한다. 우주 종말까지 복리이

자가 붙기 때문에 엄청나게 많은 돈이 되는 셈이다. 물론 허점
은 있다. 손님들이 자기 시대로 되돌아가서 식대를 안 내면 어
떻게 되는가? 주인공 아서 덴트도 식대를 지불하지 않았다. 이
보다 더 심각한 문제는 우주가 끝난다면 엄청난 돈이 있어봐야
소용이 없다는 것이다. 돈을 쓰고 싶다면 이전 시대로 되돌아
가야 한다. 과거로 가면 엄청난 복리이자는 상당히 줄어들 수
밖에 없다. 어쨌든 참 오묘한 사업 모델이라고 할 수 있다. 마
크 라인거넘Marc Reinganum 교수는 이런 이유 때문에 타임머신
이 불가능하다는 것을 입증해냈다.

1. 타임머신이 있으면 차익거래(공돈 줍기)가 가능하다. 예를
들어 5퍼센트 이율로 이자를 주는 은행에 500원을 넣을 경우,
10년이 지나면 예금 가치는 500*(1.05)·10=814.45원이 되므
로 10년 후로 가서 예금을 인출해 오늘로 돌아와 예치하면 그
돈은 10년이 지나 814.45*(1.05)·10=1,326.65원이 된다. 돈의
현재 가치는 그야말로 무한대가 된다.
2. 미래의 어떤 시점에라도 타임머신이 발명된다면 현재의
이자율도 영향을 받아 결국 이자율은 실질적으로 '0'이 될

것이다.

3. '0'의 이자율 또는 마이너스의 이자율은 없다.

4. 그리고 합리적 시장 가설에 따르면 공돈은 없다.

5. 그러므로 시간 여행은 불가능하다.

여기에는 두 가지 심각한 문제가 있다. 첫째는 현재의 플러스 이자율(즉, 마이너스 이자율은 없는 현실)이 타임머신의 부재를 전제로 하고 있기 때문에 타임머신이 존재한다면 이자율의 현실이 뒤바뀌게 될 수도 있다는 것이다. 둘째는 합리적 시장 가설이 가능하려면 차익거래가 불가능해야 하는데, 에드워드 소프나 워렌 버핏 같은 사람들이 존재한다는 사실은 합리적 시장 가설에 수정이 필요하다는 뜻이다.

에드워드 소프는 새로운 사업의 수학적 가능성을 간파하고 사업 모델을 만들었을 뿐이다. 실제로 직업적으로 공돈을 줍는 사람들은 아주 많은데, 이들은 헤지 펀드라고 한다. 하나의 사업으로 공돈을 줍는 것은 두 단계로 나뉜다.

1. 가격이 같아야 하는 한 쌍의 물건 가운데 가격이 같지 않은 것 찾기. 예를 들어, 같은 물건이 서로 다른 곳에서 서로 다른 시간대에서 팔리는 것을 찾거나 같은 물건을 합쳐서 팔 때와 나누어서 팔 때 가격이 다른 것을 찾거나 가격이 같은 방향으로 움직일 수밖에 없는데 과거에 비해서 잠시 동안 가격 차이가 나는 것을 찾아 싼 것은 사고 비싼 것은 파는 것이다.
2. 가격이 다시 정상 상태로 합쳐질 때까지 기다리기

이 예들을 꼼꼼하게 살펴보라. 그리고 이와 비슷한 공돈 주을 기회가 있을지 샅샅이 찾아보라. 어딘가에는 있을 것이다. 합리적 시장 가설이 옳다는 것이 증명되지 않았다면 말이다. 그래서 선수들은 합리적 시장 가설을 싫어한다.

성공하는 투자자는
타고나는 것인가
길러지는 것인가?

MONEY
HACKING

기술적 분석과 모멘텀 투자의 세계를 둘러보면 무일푼으로 시작하여 큰돈을 번 스타플레이어들이 많다. 그 중 흥미로운 인물이 하나 있는데, 바로 리처드 데니스이다. 그의 별명은 '거래소의 왕자'였다. 그는 1949년에 태어나 1970년대 초 몇 천 달러를 빌려 선물거래를 시작해 10년 만에 2억 달러로 만들었다.

리처드 데니스가 흥미로운 이유는 그가 큰돈을 벌었기 때문이 아니라 1983년 친구이자 공동투자자인 윌리엄 에카르트와 한 내기 때문이다. 어느 날 리처드 데니스는 윌리엄 에카르트와 '성공하는 투자자는 타고나는 것인가 길러지는 것인가?'라는 주제로 논쟁을 했는데, 윌리엄 에카르트는 타고난다고 주장했고, 리처드 데니스는 교육으로 만들어질 수 있다고 주장했다. 그들은 남자 21명과 여자 2명을 뽑아서 1주일간 투자에 대한 교육을 실시했다. 그 후 그들에게 1백만 달러씩을 주고 직접 투자하게 했다. 이들은 모두 리처드 데니스와 계약을 맺고 거래를 시작했는데, 계약에 따르면 그들은 5년간 리처드 데니스의 돈으로만 투자해야 하며, 다른 사람의 돈이나 자기 돈으로 투자해서는 안 되며, 거래기간인 5년이 지난 후 향후 5년간은 배운 것에 대해서 함구해야 했다. 물론 이들의 거래는 5년 전에 끝났지만 비밀엄수에 대한 규정 때문이었는지 최근에야 이야기가 흘러나오기 시작했다. 이들을 '터틀 트레이더'라 부른다. 이들은 꽤 성공적으로 거래를 했다. 결국 리처드 데니스가 내기에서 이긴 셈이다.

지금부터는 이들의 거래 기법을 통해서 모멘텀 투자에 대해 상세하게 알아볼 것이다. 이를 통해 모멘텀 투자의 장단점을 해커 스타일로 깊이 있게 이해할 수 있고 그 한계도 이해할 수 있다. 앞서 모멘텀 투자의 핵심이라 할 수 있는 피라미드 쌓기를 살펴보았다. 이것을 블랙잭 전술과 연결하여 그럴듯한 모델을 만들어볼 것이다. 터틀 트레이더에 대해서는 여러 가지 전설이 있다. 그 중에 하나는 이들이 훈련 시에 아무 주식이나 골라 산 다음 빠져나오는 방법을 통해 수익을 최대화하거나 손실을 최소화하는 방법을 연습했다는 것이다. 이것도 나름대로 중요한 기술이지만, 여기서 중요한 것은 그게 아니다. 이들이 이렇게 하는 이유는 그리고 이게 말이 되는 이유는 모멘텀 투자나 기술적 분석에서는 주식이 어떤 주식이냐 하는 것은 전혀 문제가 되지 않기 때문이다. 이들은 그냥 움직이는 주식을 산다. 오르는 주식이면 사고 내리는 주식이면 공매도를 한다. 결국 오를 때 사고 내릴 때 파는 것에 다름 아니다. 여기서 배울 것은 피라미드 전술을 수정하여 불패의 피라미드 전술을 만들어보는 것이다.

불패의 전술은 바로 배팅 스타일에 있다. 여기서 불패는 '언제나 돈을 따는' 상황이 아니다. 불패는 블랙잭의 예처럼 '언제라도 돈을 잃지 않는' 전술을 뜻한다. 그것을 포커로 치면 자기가 잃을 상황에서는 적게 걸고 자기가 딸 상황에서는 많이 거는 것이다. 블랙잭으로 치면 평소에는 수업료로 조금씩 내다가 돈을 딸 상황이 되면 돈을 올리는 것이다. 경마로 치면 이길 말에 골고루 분산투자하는 것이다.

먼저 알고 있는 것을 정리해보자. 모멘텀 투자에서는 주식의 배후에 있는 회사는 관심이 없다. 이런 정보는 시장 정보(차트)에 이미 포함되어 있기 때문에 따로 공부하는 것은 시간 낭비이다. 모멘텀 투자자는 차트 정보를 볼 때 보통 사람들과 뚜렷한 차이를 보인다. 일반적인 기술적 분석에서는 주식 정보가 중장기 정보에 포함되어 있다고 믿는 반면(90일 이동평균선의 경우에는 대충 세 달치 정보에 중요 정보가 포함되었다고 보는 것이다), 모멘텀 투자에서는 이보다 더 짧아도 상관없다는 것이다. 단지 변화의 정보만 있으면 된다. 이것을 익숙하게 받아들이는 사람들은 나중에 내가 모멘텀 투자보다 더 짧게 잡고 가는 사람들에 대해 이야기해도 놀라지 않을 것이다. 이들은 바로 길에 떨어진 만 원짜리를 줍지 않는 교수들이다. 여기서의 '변화'를 수학에서 말하는 '미분'으로 연상해보면 쉽게 이해할 수 있을 것이다.

마음의 준비가 되었으면 거북이들의 행동 전술을 따라가 보자. 거북이들은 이러한 움직임의 단위를 N으로 표현했다. 거북이들에게 있어서 N이란 가격이 움직이는 범위이다. 예를 들어, 삼성전자의 주식이 10만 원인데 보통 9만 5천 원에서 10만 5천 원 사이로는 움직인다면, 그 주식의 N(일간 변동성)은 1만 원이다. 거북이들에게 주가보다 중요한 것은 바로 일간 변동성이다. 일간 변동성을 계산하는 것은 다음과 같다.

1. 오늘의 고가에서 저가를 뺀 숫자를 구한다.
2. 어제의 종가에서 오늘의 고가를 뺀 숫자를 구한다(만약 음수이면

절대값으로).

3. 어제의 종가에서 오늘의 저가를 뺀 숫자를 구한다(만약 음수이면

절대값으로).

4. 이 가운데 가장 큰 숫자를 취한다.

이 숫자를 ATR(Average True Range)이라고 부른다. 이제는 20일 이동평균을 구한다. 이동평균을 구하는 것이 너무 어렵다면 지난 15일간의 평균값을 구한다. 매일 이 일을 반복한다. 그리고 이것을 이동평균이라고 이름을 붙인다. 그러면 다음과 같은 표가 나올 것이다.

날짜	시가	고가	저가	종가	TR1	TR2	TR3	ATR	20일MA

이것들은 각각 Tr, ATR, MA(이동평균)이라는 이름으로 부른다. 이것은 엑셀 같은 스프레드시트 프로그램을 사용하면 거의 자동으로 구할 수 있다. 이렇게 변화(변동성)의 단위를 구한다. 이 단위는 얼마나 들어가고 언제 나올지 등을 결정할 때 아주 중요하다. 지금부터는 거북이들이 언제 들어가는지

를 결정하는 방법을 살펴보자.

거북이들은 가격이 제대로 움직이기 시작할 때 시장에 들어간다(주식이나 선물을 사거나 판다). 거북이들의 용어로 하자면, 'S1'과 'S2'에 들어간다. 여기서 S1은 지난 4주간의 최고가(또는 최저가)를 기록하는 시점에서 들어간다는 뜻이다. 그리고 이렇게 들어간 주식은 혹시 반대 방향으로 2주간의 최저가(또는 최고가, 들어간 이유가 된 움직임의 반대 방향의 움직임)를 보이면 나간다. 그리고 S2는 기간을 좀 더 길게 잡은 것이다. 일반적으로 S2는 11주(55일) 최저가 또는 최고가에서 들어간 다음, 4주(20일) 반대 방향에서 나가는 전략이다. 이렇게 하는 이유는 간단하다. 거래로 돈을 버는 자기만의 방법을 만들려면 자기 시스템을 가능한 한 간단하게 만들어야 한다. 너무 복잡하면 이견과 해석의 여지도 많고 우물쭈물할 시간도 많기 때문에 좋지 않다. 이것을 오캄의 면도날이라고 부른다. 그렇지만 지나치게 단순화하면 중요한 것을 놓칠 수 있다. 서로 다른 기간으로 아주 간단한 시스템을 두 개 만들어놓고, 두 시스템이 상호보완하도록 하는 것이다.

실제로 거북이들 사이에서도 S1과 S2의 선호도는 서로 아주 다르다. 어떤 사람도 단 하나의 시스템에만 의존하진 않지만, 무엇을 얼마나 선호하는지는 취향에 따라 달라질 수밖에 없다. 자기에게 맞는 시스템을 찾으려면 과거 데이터를 가져다놓고 4주/2주 콤보와 11주/4주 콤보나 기타 다양한 콤보를 가지고 여러 가지로 실험을 해야 한다. 그렇게 우리나라에도 잘 맞고 가장 많은 이익을 내는 최적의 시스템을 개발하는 것이다. 그리고 수시로 수익성을 검토해 수정하면 되는 것이다. 가장 큰 숙제는 얼마나 자주 그리고 효율적으로 검증하느냐 하는 것이다.

이렇게 거북이 투자 전술의 기본 골격을 알아보았다. 하지만 가장 중요한 이야기가 남아 있다. 바로 '위험'이다. 앞서 말한 피라미드 배팅 기술을 떠올려보자. 기본적 투자에서는 물타기를 한다. 어차피 오를 주식이기 때문에 매입비용을 떨어뜨리는 것이 좋다는 믿음 때문이다. 기술적 분석에서는 절대로 물타기를 하지 않고 피라미드 배팅을 한다. 어차피 움직이지 않을 주식을 가지고 있어봐야 시간과 돈만 낭비하기 때문이다.

앞에서 우리는 아주 중요한 변동을 수치로 만드는 방법을 배웠다. 여기에 심각한 문제가 하나 있는데, 움직임을 보고 들어갔더니 그때부터 전혀 움직이지 않거나 반대 방향으로 움직이는 경우이다. 그렇지 않고 제대로 흐름을 탔다면 그냥 피라미드로 가면 된다. 그러지 않을 때 거북이의 위험관리 전술을 써야 한다. 이것은 크게 두 가지이다.

첫째는 앞에서 이야기한 움직임 또는 변동성의 지표 N을 기준으로 해서 움직인다. 거북이들은 보통 2N 스톱의 규칙을 따랐다. 이게 무슨 말인고 하면 N의 두 배의 손해가 나면 그냥 파는 것이다. 예를 들어 삼성전자 주식이 10만 원이고 일간 변동성이 1만 원이라면 이 주식에 들어갔다가 2만 원의 손해가 나면 그냥 손 털고 나오는 것이다.

둘째는 이보다 더 중요하다. 이것은 초기 투입금을 아주 적은 금액으로(보통 총자본금의 2퍼센트) 제한하는 것이다. 이렇게 하는 이유는 이 게임이 '대박 게임'이기 때문이다. 제시 리버모어도 여러 번 파산했고, 로빈슨도 수익률의 극심한 변동을 겪었다. 어떤 것도 가정하지 않고 시장의 흐름에 몸을 맡겼기 때문이다. 어떤 주식이 크게 오를 전망이라면(크게 내릴 전망이라면) 가능한 한 빨리 발을 넣어야 한다. 그러므로 어떤 형태로든 '수업료'를 지불해야 한다. 거북이 투자자 가운데 한 사람인 제리 파커는 이렇게 말했다.

"과거에 저는 가능한 한 손실을 줄이라고 말했었죠. 그렇지만, 이제는 최적의 손실을 취하는 게 낫다고 생각합니다. 너무 큰 손실을 입기를 원하지도 않지만 스톱을 너무 가깝게 잡아서 계속 시장에서 빠져나가야만 하게 되는 상황도 원치 않는 거죠. 거래에 붙어 있어야 합니다. 너무 흥분하지 말아야죠. 돈을 많이 벌지 못하더라도 괜찮습니다. 소규모 손실을 입더라도 괜찮습니다. 약간 수익을 봤는데 이게 손실이 되더라도 괜찮습니다. 그냥 매달려 있다가 크고 엄청난 수익이 나올 때가 되면 아주 공격적으로 나가야 하는 거죠."

이제 이유가 분명해졌다. 차트만 봐서는 시장이 어떻게 될지 전혀 알 수 없기 때문이다. 제리 파커의 말처럼, 딱 한 번 큰 흐름을 놓치고 나면 한 해 수익 전체를 망칠 수 있기 때문이다. 그러므로 적당한 정도의 수업료를 계속 내고 시장에 발을 담그고 있어야 한다. 그러다가 한두 번 크게 따면 그 해의 수익률은 치솟게 될 것이고 그렇게 않으면 오히려 손실이 될 수도 있는 것이다.

그리고 수업료는 스톱(들어가고 나가는 지점)을 어떻게 결정하느냐에 따라 크게 달라질 수밖에 없다. 높게 잡으면 안전하긴 하지만 큰 이익을 얻을 기회도 놓치게 된다. 낮게 잡으면 큰 이익을 얻을 기회를 많이 얻게 되지만 수업료가 너무 커진다. 결국 이런 기본 방법을 가지고 자기가 관심이 있는 시장 자료에 근거하여 직접 시뮬레이션을 여러 번 돌려보고 가장 맞는 전략을 선택할 수밖에 없다.

거북이 투자전술을 상세하게 설명한 이유가 몇 가지가 있다. 이것이야말로 가장 좋은 머니 해킹 전술이라서가 아니다. 앞으로 다른 투자 전술 이야기도 많이 할 것이다. 그러나 여러분이 이런 식의 모멘텀 투자를 하지 않더라도 시장에는 이런 식으로 움직이는 사람이 많다는 것을 이해해야 한다. 그리고 시장이 어느 방향으로 갈지 불확실하다는 것을 전제한다면, 결국 기술적 투자는 통계와 확률 이야기가 될 수밖에 없다.

결국 블랙잭, 포커, 경마와 비슷한 패턴이 될 수밖에 없다. 다른 말로 하자면, 기본적 분석과 기술적 분석은 시장을 바라보는 두 가지 다른 접근법일 뿐만 아니라, 시장을 바라보는 서로 다른 수준(다른 추상화 수준에서)과 관점의 차이이다. 이것을 도대체 어떻게 조화시킬 것인가? 내가 보기에는 거의 불가능하다.

마지막으로 가장 중요한 이유는 바로 이것이다. 현대 금융 이론은 결국 시간과 불확실성(리스크)의 관계의 문제라고 이야기했는데, 여기에 대해 나름대로 정확한 이해를 가지도록 하려는 것이다. 돈을 가지고 장난하기 시작하면 어설프게 아는 것이 모든 것을 망친다. 투자를 성공적으로 하기 위해서는 백과사전 같은 지식도 필요 없고 모든 것을 다 정통하게 알아야 하는 것도 아니지만, 딱 하나 아는 것은 아주 철저하게 알아야만 한다.

거북이 이야기는 매일의 가격 변동성이라는 단 하나의 변수만 가지고 투자의 수준과 전략 그리고 리스크 관리까지 깔끔하게 해결하고 있다. 모멘텀 투자를 하고 싶다면, 혹시 자신의 모델이 피보나치수열이나 엘리어트 파동이론처럼 복잡하다면, 깨끗이 포기해야 한다. 그 이론이 신의 언어로 말을 하고 있고 그 속에 모든 우주의 비밀이 숨어 있다고 하더라도, 스트레스를 받는 상황에서 시장을 읽는 인간의 해석은 제한되고 왜곡될 수밖에 없다.

이런 제한과 왜곡은 맑은 정신이 가장 필요한 때(대규모 손실이 예상되거나 금융 공황이 예견되는 때) 사라지기 마련이다. 돈 버는(공돈을 줍는) 것이 목표라면 이런 심오한 이론은 가까이 하지 않는 것이 좋다.

다음 장으로 넘어가기 전에 이것 하나만은 반드시 기억하자. 결국 수익은 위험의 상관관계이다. 위험 없이는 수익도 없다.

분산투자,
해야 하는가?

M O N E Y
H A C K I N G

세상에는 검증되지 않은 채 진실로 여겨지는 이야기가 아주 많다. 돈을 벌려면 가치투자를 해야 한다는 이야기도 있고, 같은 바구니에 계란을 담으면 안 되고, 분산투자를 해야 한다는 이야기도 한다. 장담컨대, 이런 태도로는 큰돈은 벌지 못한다. 이렇게 이야기하는 사람 치고 큰돈을 번 사람이 없으며, 큰돈을 번 사람들은 결코 이런 식으로 말하지 않는다.

목숨을 걸고 분산투자를 하는 사람들은 바로 거북이들이다. 이들은 주식 가격이 움직이기 시작하면 자기 자본금의 2퍼센트 이상은 걸지 않는다. 어차피 아무도 모르기 때문이다. 반대로 워렌 버핏은 분산투자를 아주 싫어했다. 그는 분산투자에 대하여 '40명의 아내와 함께 사는 행태'라고 비난한다.

그는 1996년 연례회의에서 분산투자는 무지에 대한 보호책일 뿐이라고 말했다.

따지고 보면 거북이들도 분산투자를 한 것은 절대 아니다. 생각해보라. 분산투자로 손실을 최소화하기 위해서는 서로 가격이 반대 방향으로 움직이는 두 개의 물건을 사야 한다. 거북이들은 가격이 움직이는(가격이 움직일 가능성이 큰) 주식을 산다. 거북이들이 분산투자를 하는 방식은 가격이 움직이지 않을 가능성이 큰 주식을 사는 것이다. 거북이들은 이런 말을 하면 그럴 바에야 차라리 현금으로 가지고 있겠다고 말할 것이다. 아니면 워렌 버핏처럼 아비트리지를 하거나 말이다.

엄밀하게 말해보자. 분산투자는 겁쟁이들이 하는 것이다. 위험을 정확히 알면 가장 정확한 대책을 마련하면 된다. 앞에서 나는 위험 관리가 어떻게 특정한 투자 기술에 녹아드는지를 상세하게 설명했다. 예를 들어, 워렌 버핏의 투자의 가장 큰 전제는 언젠가는 주식의 (시장) 가격이 주식의 (내재) 가치를 따라잡는다는 것이다. 그러므로 그는 가치에 비해 가격이 싼 주식을 고른다. 그렇게 되지 않을 때는 어떻게 했는가? 이에 대한 워렌 버핏의 초기(투자클럽을 운영할 무렵) 대답은 아비트리지 거래였다. 워렌 버핏이 버크셔 해서웨이를 경영하기 시작했던 후기에는 '안 되면 되게 하라' 라는 정신으로 일했다. 가격이 원하는 시간 내에 가치를 따라잡지 못하면 강제로 인수, 합병, 분할, 사유화, 상장폐지 등의 전략을 써서 (비록 회사의 형태는 아니겠지만) 가치로 시장에 내다파는 것이었다.

제시 리버모어가 위험에 신경을 썼는지는 잘 모르겠다. 그는 "내가 나의 신념을 열 주로 실험했을 때 옳았다면, 내가 내 신념을 백 주로 실험했을 때에는 백배로 옳은 것이다"라고 말했다. 하지만 제시 리버모어의 기술을 예술의 경지로 승화시킨 거북이들은 자기가 처한 위험을 잘 알고 있었다. 그들이 위험을 피하는 전술은 다음과 같다. 그들은 일단 주식이 움직이기 시작하면 적은 금액(가진 돈의 2퍼센트)으로 실험한다. 그리고 자기가 옳았으면 피라미드를 쌓고 틀렸으면 더 틀리기 전에 빠져나온다. 실제로 거북이들은 이를 숫자로 변화시켜서 누구나 할 수 있는 방식으로 구현했을 뿐이지만, 제시 리버모어는 이런 피라미드 기술을 체험적으로 알고 있었다.

에드워드 소프는 어떻게 위험을 회피했던가? 그는 반대 매매를 했다. 예를 들어서 같은 방향으로 움직이는 다른 상품을 팔았다. 예를 들어, 그가 전환사채를 매입했을 때 틀릴 가능성을 피하기 위해 해당 전환사채를 전환하면 받게 될 주식을 매도했다. 욕심 부리지 않고 믿는 만큼만 가져간 것이다. 한마디로 위험을 회피하는 가장 좋은 전략은 자기가 처한 위험을 정확히 이해하고 여기에 가장 알맞은 위험회피 전략을 수립하는 것이다. 그리고 이것이 거래 전략 속에 자연스럽게 녹아 있으면 더욱 좋다.

여기서 주식 시장의 가장 큰 미스터리로 넘어가보자. 분산투자를 하면 위험이 줄어든다는 것을 포트폴리오 이론이라고 한다. 이를 수학적으로 표현한 것을 근대적 포트폴리오 이론(MPT: modern portfolio theory)이라고 한다. 사실 이것은 간단한 통계학이다. 이것을 앞서 배운 이야기로 정리해보자. 위험을 회피하는 가장 좋은 전략은 자기가 하는 투자 행동과 정반대되는 행동을 하는 것이다. 그러므로 아비트리지는 가장 정확하고 솔직한 위험 회피 전략이다. 자기가 사는 것과 똑같이 행동하는 것을 파는 것이니까 말이다. 포트폴리오 이론에서 여러 주식을 가지고 있으면 위험을 줄일 수 있다는 말은 아무렇게나 주식을 선택할 경우 서로 반대로 움직이는 주식이 포함되어 있을 것이라고 생각하는 것이다.

주가가 같은 방향으로 움직이는지 반대 방향으로 움직이는지는 간단한 통계학으로 알 수 있다. 여기서 마코위츠에게 노벨상을 안겨준 것과 샤프의 자본자산결정모형(CAPM: capital-asset pricing model)을 살펴보자. 먼저 기준이 되는 베타값을 결정해보자. 마코위츠는 S&P500을 기준 베타값 1로 결정했다. 우리나라에서는 종합주가지수 같은 것을 쓰면 된다. 모든 주가는 결국 종합주가지수와 어느 정도는 같은 방향 또는 반대 방향으로 움직이는 패턴을 보인다. 종합주가지수란 우리나라 경제의 일반적인 방향을 말하는 것이기 때문이다. 그러므로 종합주가지수가 하락하는 상황이라면 삼성전자의 주가도 어느 정도는 하락할 수밖에 없다는 말이다. 여기서 베타값은 특정 주식이 베타값 2를 가지고 있다면 이 주식은 종합주가지수의 2배씩 움직인다는 것이다.

모든 주가는 기준이 되는 지수와 '어느 정도' 비슷한 방향으로 움직일 수밖에 없다. 하지만 특별한 사정으로 인하여 주식 가격이 종합주가지수와는 무관한 방향으로 움직이기도 한다. 이것을(주가 변동 가운데 베타와 관련이 없는 것) 일컬어 '비체계적 위험'이라고 하고 베타값으로 나타낼 수 있는 종합주가지수와 관련이 높은 것을 '체계적 위험'이라고 한다.

만약 단 하나의 주식만 선택한다면 베타와 비체계적 위험 모두에 노출되어 있는 것이다. 그러나 열 개의 주식을 선택한다면 비체계적 위험은 꽤 줄어들고 베타값으로만 표현할 수 있는 체계적 위험에만 노출될 것이다. 백 개의 주식을 선택한다면 비체계적 위험은 거의 무의미해질 것이다.

마코위츠와 샤프는 많은 주식을 선택할수록 버는 돈은 시장 평균에 근접하게 된다는 아주 평범한 이야기를 '포트폴리오에 포함된 주식이 많을수록 비체계적 위험은 감소하고 체계적 위험만 남는다' 는 말로 바꾸고, 한 걸음 나가서 '이렇게 체계적 위험만 남으면 그 포트폴리오의 변동성을 베타 계수로만 표현할 수 있다' 는 말로 노벨상을 받았다. 다시 복습하자면 주식을 많이 가질수록 시장 자체의 위험과 깊은 관련이 있는 요소만 남게 되고 회사의 특수한 상황에 대해서는 영향을 덜 받는다는 것이다. 시장 전체가 행복하다면(우리나라 경제가 괜찮고 종합주가지수가 오르기만 하면) 개별 회사의 사정과 상관없이 행복해진다는 것이다.

이들은 노벨상 수상자답게 여기에서 한 걸음 더 나갔다. 주식을 많이 가질수록 쉽게 상쇄해버릴 수 있는 위험 즉, 비체계적인 위험을 아무리 감수해봐야 초과수익은 없다는 것이다. 주식을 많이 가질수록 버는 돈은 시장 평균에 근접한다는 것이다. 다른 말로 하면, 부담할 가치가 있는 위험은 체계적인 위험 즉, 시장 위험밖에는 없다는 것이다.

시장 위험은 베타값으로 표현할 수 있다. (1) 여러 회사의 주식의 베타값을 계산한다. (2) 원하는 수익 수준(위험 수준 또는 부담할 수 있는 베타값의 변동 범위)을 결정한다. (3) 그 수준에 맞는 포트폴리오를, 여러 주식의 베타값을 뒤섞어서 괜찮은 결과를 낳을 수 있다. 개별 주식과 관련된 뉴스나 공시를 신경 쓰지 않고도 원하는 수익 수준을 결정한 다음 이에 맞는 포트폴리오를 구성할 수 있다는 것이다. 직접 해보면 아주 쉽다.

1992년 유진 파마와 케네스 프렌치는 1963년부터 1990년까지 여러 가지 베타값을 가진 포트폴리오와 이들의 수익률을 비교·연구하여 수익률과 베타값은 상관이 없다는 것을 발견했다. 그 후 베타에 대한 이야기는 역사 속으로 사라졌다. 그러나 베타값을 계산하는 방법과 이와 관련된 수학적인 기술은 여전히 사용되고 있다.

어떻게 보면 이것은 아주 당연한 결론이다. 베타값이 높다는 것은 시장의 변동성에 민감하다는 뜻이다. 종합주가지수가 상승하면 베타값이 높은 것은 두 배로 뛰고, 종합주가지수가 하락하면 두 배로 내려가는 것이다. 반대로 베타값이 낮은 것은 종합주가지수와 비슷하게 움직인다. 두 배로 뛰는 것을 모아 평균을 내나 한 배로 뛰는 것을 모아서 평균을 내나 결과는 비슷하지 않겠는가? 이해가 되지 않으면 다음을 살펴보라.

$$((100 \times 1) + (-100 \times 1))/2 = 0$$

$$((100 \times 2) + (-100 \times 2))/2 = 0$$

대부분의 경우 베타값은 대체로 0.7에서 1.8 사이에서 움직인다. 이 이론을 주창한 사람들은 길에서 만 원짜리를 줍지 않는 교수들이다. 아래 증명을 읽어보자.

1. 만약 비체계적인 위험을 부담한 투자자가 더 많은 수익을 얻는다면, 비체계적인 위험을 더 많이 부담하는 주식들로 구성된 포트폴리오가 체계적인 위험을 더 많이 부담하지만 나머지 위험 수준은 동일한 포트폴리오보다 수익이 높을 것이다.

2. 그렇게 되면 투자자들은 더 많은 수익을 얻기 위해, 비체계적인 위험을 가지고 있는 주식을 많이 사서 가격이 오를 것이고, 동일한 베타를 가지고 있지만 비체계적인 위험 수준은 적은 주식은 팔아서 가격은 내릴 것이다.

3. 이 과정은 동일한 베타를 가진 주식의 예상 수익률이 같아질 때까지 계속될 것이고 그 결과 비체계적인 위험을 부담하는 것에 대한 추가 수익은 없어질 것이다.

4. 그렇게 해야만 효율적 시장 가설이 성립한다.

따지고 보면 이것도 공돈은 불가능하다는 가설의 연장선상에 있는 것이다. 이 이론이 근거하고 있는 베타라는 것은 결국 시장평균과 비교하여 특정 주식의 상대적 변동성일 뿐이다. 거북이들이 베타를 활용하면 흥미로운 결과가 나올 수도 있겠다.

이쯤에서 주식 시장의 가장 큰 미스터리로 돌아가보자. 뉴스를 조금이라도 보는 사람이라면 원숭이 이야기에 아주 익숙할 것이다. 주식시장에서는 선수들이 원숭이들만 못하다는 이야기 말이다. 선수들이 아무리 날뛰어봐야 결국 종합주가지수를 뛰어넘지도 못한다는 것이다. 그런데 웬만한 선수라면 감히 누를 수 없는 완벽한 공식을 만든 사람이 있다. 바로 찰스 다우라는 기자다. 그가 없었다면 『월스트리트저널』도 없었을 것이고, 기술적 분석도 없었을 것이고, 종합주가지수(DJIA: Dow Jones Industrial Average)도 없었을 것이다.

그리고 노벨상 수상자들이 주창하는 포트폴리오 이론도 결국 포트폴리오에 많은 주식을 집어넣을수록 시장 평균에 근접하며, 포트폴리오에 포함된 주식들의 시장 평균 대비 변동성을 조절하여 수익률을(이보다 중요한 것으로 손실률을) 조절할 수 있다는 교시이다. 그러므로 찰스 다우가 없었다면 시장 평균이라는 개념도 없었을 것이다. 지금부터 이 사람에 대해서 자세히 알아보자.

찰스 다우는 어떻게 큰돈을 벌었나?

찰스 다우는 『월스트리트저널』을 만들고, 다우지수와 그가 발견한 기술적 분석에 대한 글을 써서 돈을 벌었다. 하지만 그가 주식을 한 것은 아니었던 것 같다. 따지고 보면 샤프나 마코위츠도 투자해서 번 돈보다 공부해서 번 돈이 더 많았을 것도 같다. 그리고 기술적 투자자 외에는 찰스 다우에게 큰 관심이 없다는 것은 참 신기한 일이다.

1884년 7월 3일, 찰스 다우는 11개의 주식(9개의 철도회사와 2개의 제조업)의 평균지수를 최초로 발간했다. 그는 이 지수가 국가 경제를 나타내는 좋은 지표라고 생각했던 것 같다. 그는 1928년에 숫자를 30개로 늘였고 현재까지도 이 숫자는 30개이다. 이 30개의 회사는 조금씩 계속 변해왔다. 11개 회사 가운데 아직까지 남아 있는 회사는 GE밖에 없다. 불패의 주가지수를 만들고 싶다면 그의 지수 만드는 비결에 대해서도 꼼꼼히 연구해보는 것도 좋겠다.

불행히도 그는 책을 쓰지 않았다. 종종 『월스트리트저널』에 글을 기고했을 뿐이었다. 다우 이론은 그가 죽고 나서 그의 글을 정리하여 취합한 것이다. 더 불행한 것은 여기에 불패의 주가지수를 만드는 방법이 나와 있지 않다는 것이다. 불패의 주가지수를 만든다는 것은 불패의 포트폴리오를 만드는 것과 거의 같은 것이다. 대신 여기서는 현재 다우 이론이라고 알려진 것을 자세히 살펴보겠다. 그의 교리는 6개로 구성되어 있다.

1. 평균은 모든 정보를 반영한다. 다른 정보는 찾거나 공부할 필요는 없다는 말이다.

2. 시장에는 장기추세, 중기추세, 단기추세가 있다.

3. 장기추세에는 축적단계, 대중참가단계, 분배단계라는 3개의 국면이 있다

4. 평균은 양쪽에서 확인할 수 있어야 한다. 1884년 11개의 주가지수를 발행하기 시작했으나 이것을 1897년에 두 개의 지수(12개의 산업지수와 20개의 철도지수)로 나눴는데, 평균은 이 양쪽 지수에서 확인할 수 있어야 한다는 말이다.

5. 추세는 거래량으로 확인할 수 있어야 한다.

6. 추세는 명확한 반전 신호를 보내기 전까지는 계속되는 것으로 가정해야 한다.

다우는 언론인이었기 때문에 경제 상황을 이해하기 위한 목표로 이런 방법을 고안했다. 이 6가지 원칙도 그의 말을 취합한 것이다. 이것은 엘리어트 파동이론과 꽤 비슷해 보이지만, 다우는 큰돈을 벌려고 기술적 분석을 하기 위하여 이것을 개발하지 않았다. 이것은 그가 주식 시장을 오랫동안 관찰한 결과이므로 아주 통찰력이 있다. 하나씩 따져보자.

평균은 양쪽 지수에서 확인할 수 있어야 한다는 것과 반전되지 않은 한 계속되는 것으로 보아야 한다는 것은 전체적인 경제 상황을 진단하기 위한 지침으로 보인다. 전자는 거북이들의 피라미드 쌓기에서 유용하게 사용될 수 있을 것이다. 그리고 추세는 거래량으로 확인할 수 있어야 한다는 것은 시장 참가자가 적은 시절 작전 세력에 휘말리지 않기 위해서 어떤 식으로 추세를 확인해야 하는지에 대한 조언으로 봐야 하지 않을까. 시장과 장기추세에 대한 이야기는 상대적으로 규모가 작았던 1800년대 말에서 작전 세력 또는 선수들이 움직인 후에 대중들이 움직이기 때문에 대중들이 손해 보는 단계를 뜻하는 것으로 볼 수도 있다.

실제로 이보다 훨씬 이후에 살았던 제시 리버모어도 주식

시장을 작전 세력과의 한판승으로 읽었다는 기록이 꽤 많이 남아 있다. 추세선, 지지선, 저항선 등도 결국 따지고 보면 가격을 끌어내리려는 자와 가격을 끌어올리려는 자 사이의 대결이나 영원한 전쟁처럼 보이기도 한다.

나는 기술적 분석의 이론적 기초로서의 다우나 엘리어트 파동이론의 전조로서의 다우에 대해서는 관심이 없다. 내 관심은 다우의 불패 지수를 구성 방법과 이것을 이용하여 웬만한 전문가들도 따라잡을 수 없는 불패의 포트폴리오를 구성하는 방법이다. 다우의 이론에서 관심을 기울여야 하는 초점은 모든 정보를 흡수하는 막강한 평균의 힘을 어떻게 하면 구현할 수 있는가 하는 것이다. 내 관심은 오로지 첫 번째 대명제에 집중되어 있다. 다시 한 번 읽어보자. "평균은 모든 정보를 반영한다."

그의 업적은 추세선과 저항선, 3추세와 3국면 등의 (다분히 심리적인) 시장의 흐름을 '기술'하는 방법을 개발한 것이라기보다는 평균이 가지고 있는 엄청난 잠재력을 보여준 것이라고 생각한다. 베타 이야기를 떠올려보자. 일단 평균을 내기 시작하면 모든 비체계적 위험은 서로 상쇄된다. 그러면 체계적 위험 즉, 시장의 일반 흐름과 상당한 정도 동조하는 흐름만이 남는다. 베타값은 결국 0.7~1.7 사이에 있는 값이 아닌가. 여러 개의 포트폴리오를 가지면 결국 시장의 일반 흐름만 남는다.

이 발견을 한 사람에게 노벨상까지 주는 것을 보면 이 문제로 고통받는 사람이 아주 많다는 것을 알 수 있다. 날고 기는 사람이나 매일 책만 끼고 있는 사람도 일단 여러 개의 주식으로 구성된 포트폴리오를 가지면 성과는 다를 바 없다는 것이다. 무척 위안이 되는 사실이다. 이것은 금융계에서 가장 영향력이 있는 『월스트리트저널』을 창시한 사람이 "앞으로는 『월스트리트저널』을 읽지 않아도 된다"고 말하는 것과 같다. 평균값에는 모든 정보가 포함되어 있으니까 말이다. 이것은 효율적 시장가설에서 말하는 공돈은 없다는 이야기와 같다. 가격 정보에는 모든 정보가 포함되어 있다는 말이다.

이토록 강력한 평균의 힘에 대한 흥미로운 이야기가 하나 있다. 요즘 웹 2.0 이야기가 많이 나오면서 평균의 힘에 관심이 몰리고 있다. 인터넷을 하는 사람들은 이것을 '집단지성'이라고 한다. 집단지성은 어떻게 움직이는가? 구글을 예로 들어보자. 구글에서는 각 웹페이지의 중요도를 계산할 때, 그 페이지로 링크해 들어오는 페이지의 숫자를 센다. 다른 페이지에서 해당 페이지를 많이 링크했을수록 그 페이지는 중요하다는 말이다.

'집단지성'이라는 말을 만든 제임스 서로위키는 챌린저호 폭파와 관련해서 아주 흥미로운 이야기를 해주었다. 1986년 1월 28일 챌린저호가 발사되었는데, 74초가 지나자 공중에서 폭발해버렸다. 많은 사람들이 이를 텔레비전으로 지켜보았다. 챌린저호와 관련된 주식은 네 개가 있었다. 록웰 인터내셔널에서는 셔틀과 엔진을 만들었고, 록히드에서는 지상지원을 제공했고, 마틴 마리에타에서는 외장 연료탱크를 만들었고, 모튼 티오콜에서는 고체연로추진 로켓을 만들었다. 그런데 사고가 나고 21분이 지나자 록히드 주식은 5퍼센트가 하락했고, 마틴 마리에타 주식은 3퍼센트가 하락했고, 록웰 주식은 6퍼센트가 하락했다. 모튼 티오콜 주식은 매매가 중단되었고, 거래가 재개되었을 무렵에는 6퍼센트가 하락했다. 그날 종가는 12퍼센트 하락이었다. 반대로 다른 회사의 주식들은 대체로 올라서 종가 기준으로 단지 3퍼센트 정도만 하락한 것으로 마무리되었다.

당시에는 어느 회사가 사고 책임이 있는지에 대한 루머도 없었다. 6개월 후 이루어진 조사 결과는 주식시장의 의심을 확인해주었다. 내부자거래나 이와 비슷한 정보가 흘러갔다는 증거도 없었다. 어떻게 이런 일이 가능했는가?

그날 시장이 영리하게 반응한 이유는 현명한 대중의 네 가지 조건을 충족시켰기 때문이었다. 그것은 다양성(사람들은 자기만의 정보를 가지고 있다. 이것이 알려진 사실의 특이한 해석인 경우도 있지만), 독립성(사람들은 주변 사람들의 의견에 영향을 받지 않는다), 분권화(사람들은 지역화된 정보에 정통할 수 있고 이것에 의존할 수 있다), 집적성(개인의 판단을 집단적 의사결정으로 바꾸는 메커니즘이 존재한다)이다. 어떤 그룹이 이 조건들을 충족한다면 이들의 판단은 옳을 가능성이 높다.

왜냐하면 아주 다양하고 독립적인 사람들에게 확률을 계산해보라고 요청하고 나서, 이들의 평가치를 평균 내리면 사람들의 대답에 포함된 오류는 서로 상쇄되기 때문이다. 사람들의 대답에는 정보와 오류라는 두 가지가 포함되어 있다고 말할 수 있다. 그런데 여기서 오류를 빼면, 남는 것은 정보뿐이다.

이것은 베타값 이야기와 본질적으로는 같다. 주식과 관련된 모든 위험은 체계적 위험(서로위키는 이것을 정보라고 불렀다)과 비체계적 위험(서로위키는 이것을 오류라고 불렀다)인데, 주식을 여러 개 모아 평균을 내면 비체계적 위험은 상쇄되고 남는 것은 체계적 위험밖에 없다. 샤프의 자본자산가격결정모형도 수학적으로 간단한 모델이다. 핵심은 평균이다. 다만 주식 시장은 계속 변동하기 때문에 주식 시장 전체에 상응하여 각 주식이 움직이는 변동성을 평균으로 놓고(베타값) 여기에서 이탈하는 값 즉, 평균과 다른 값을 추출해내는 것이다. 끊임없이 움직이는(변동하는) 시장에서 구하는 평균값인 셈이다. 평균값이 베타값 또는 체계적 위험이고, 평균값과의 차이가 비체계적 위험이다.

샤프 교수는 시장 평균의 위험을 감수하는 것에 대해서는 보상이 있지만, 시장 평균과 상관없는 위험을 감수하는 것에 대해서는 보상이 없다는 것을 말한 것이다. 즉, 위험과 수익은 비례한다는 말을 믿고 아주 위험한 주식을 사면서 큰 이익을 바라는 것은 큰 잘못이다. 달리 말해, 시장 평균(시장의 평균 변동성)을 넘어서는 위험을 감수하는 것에 대한 보상은 없는 것이다. 계란은 여러 바구니에 넣어야 한다는 위대한 명제에 입각하여 여러 주식으로 구성된 포트폴리오를 구성한다면 다우 지수를 능가할 가능성은 없다.

빠져나갈 방법이 하나 있기는 하다. 워렌 버핏처럼 효율적 시장 가설을 정면으로 부인하는 것이다. 하지만 효율적 시장 가설을 부인한다는 것은 기술적 투자의 가장 근원적인 명제 즉, 평균에는 모든 정보가 반영되어 있다는 다우의 위대한 명제를 회의적으로 바라보아야 한다는 뜻이고, 다우 이론뿐만 아니라 엘리어트 파동이론도 깨끗이 포기해야 한다는 뜻이다. 하지만 머니 해킹의 핵심 주제는 아무리 복잡하고 어려워 보이는 문제도 자세히 들여다보면 간단하다는 것이다. 이것은 주식 시장에서 큰돈을 벌고자 한다면 죽을 때까지 기억해야 하는 중요한 명제이다.

접근 **4**

서브프라임 위기의 근원에는 무엇이 있는가?

복잡한 구조화금융과 파생상품의 문제의 원인은 어디에 있는가?

^{MONEY}
^{HACKING} 존 로, 바람둥이, 도박사, 벤처 캐피탈리스트, 그리고 금융공학자

유동성 문제는 어떻게 해결할 수 있는가?

유동성 문제, 구조화금융, 합성증권, 그리고 헤지펀드

이것이 진짜 유동성 문제가 맞긴 한 것인가?

금융위기에서 얻은 교훈 : 유동성과 공매도

현재의
경제위기를
제대로 파악하라

MONEY HACKING

MONEY HACKING

서브프라임 위기의
근원에는 무엇이 있는가?

MONEY
HACKING

이제 머니 해킹 모험도 막바지에 도달했다. 지금까지 나는 증권가에서 흘러나오는 잡다한 이야기와 도박사, 투자자, 투기꾼의 이야기로 금융의 핵심 개념을 설명하려고 했다. 지금까지 복리, 시간, 변동성, 시장을 이기는 배팅 시스템, 평균의 힘 등을 말했다. 이제 마지막 개념이 남아 있다. 바로 유동성이다.

이제부터 세상을 대혼란으로 몰아넣고 있는 서브프라임 사태와 그 후속타들을 통해서 유동성이라는 개념을 살펴볼 것이다. 나는 서브프라임 사태와 관련해 블로그에 몇 차례 글을 쓴 적이 있다. 아래 글은 이를 약간 수정하고 설명을 덧붙인 것이다. 다음은 서브프라임 위기와 관련해 미국 정부가 2

천억 달러(2백조 원)을 내고 패니매와 프레디맥을 사기로 했다는 뉴스가 나온 2008년 9월 9일에 올린 것이다.

먼저 서브프라임 위기와 관련해 블로그에 다섯 번에 걸쳐 올린 글이 유동성과 어떤 관련이 있는지에 대해 간단히 설명을 덧붙이겠다. 모든 금융 위기의 핵심에는 유동성 위기가 있다. 우리나라의 IMF 위기를 떠올려보라. 당시 한국 경제가 심각하다고 생각한 사람은 거의 없었다. 우리나라에 위기가 온 것은 줄 돈과 받을 돈의 시기가 맞지 않았기 때문이었다. 중소기업의 흑자도산도 마찬가지이다. 받을 돈도 많고, 받을 돈이 줄 돈보다 많은데, 빌린 돈을 줘야 하는 시점에 돈이 없는 것이다. 이것이 유동성의 문제이다. 그리고 이것이 금융위기의 본질이다.

그렇지 않다면 그것은 금융위기가 아니라 경제위기이다. 줄 돈이 받을 돈보다 많아지면 회사는 파산하고 국가 경제는 위기를 겪는다. 하지만 이 문제도 결국 유동성의 문제이다. 이것을 흔히 '과잉 유동성'이라고 부른다. 한마디로 돈 빌려서 흥청망청 썼다는 것이다. 물론 앞에서 말한 유동성과 뒤에서 말한 유동성은 의미가 약간 다르다. 유동성은 중요한 개념이다. 그러므로 머니 해킹을 끝내기 전에 의미를 충분히 이해해야 한다.

서브프라임 위기가 찾아오자 부동산 가격의 하락 때문이라고 이야기하는 사람이 많았다. 그들은 미국의 부동산 거품이 터진다고 이야기했다. 하지만 뭔가 맞지 않는다는 느낌이 든다. 미국 담보대출 시장의 총규모는 약 12조 달러이다.

하지만 부실율이 10퍼센트를 넘었다는 이야기도 들은 적도 없고, 미국 사람들이 모두 집에서 쫓겨났다는 이야기도 들은 적이 없다. 그렇다면 도대체 부실율이 얼마나 엄청나기에 전 세계가 숨을 죽이고 지켜볼 만큼 천문학적인 구제 금융과 지원 계획이 계속 발표되는 것일까? 유수한 금융기관들이 도산하고 몇 백 억 달러라는 말이 쉽게 오가는 일이 생기는 것일까?

이렇게 문제를 증폭시키는 확성기 역할을 한 것은 구조화 금융 채권이고 합성채권이다. 따라서 이것들의 구성과 작동 원리를 먼저 이해해야만 한다. 유동성의 문제를 끝까지 파고 들기 위해서는 구조화금융의 문제를 파고들어야 한다. 이 점을 염두에 두고 다음 글을 읽어보라. 지금까지 선수들이 어떻게 큰돈을 버는지를 세심하게 살펴본 사람이라면 어렵지 않을 것이다.

2천억 달러(2백조 원)으로 미국 정부가 패니매와 프레디맥을 사기로 했다는 소식을 듣고 많은 사람들이 세계 경제가 좋아질 것이라고 생각해서 주식도 오르고 환율도 안정되었다. 지난여름 내내 모든 것에 짜증을 내면서 시간이 날 때마다 이 위기의 원인이 무엇인지 찾아서 읽었다. 이것으로 위기가 끝날지는 모르겠지만, 금융위기 이야기가 나올 때마다 어리둥절해하는 사람들을 위해 간단히 정리해보겠다.

현재의 위기를 이해하는 데 가장 큰 도움이 되었던 책은 찰리 모리스Charles R. Morris의 『미국은 어떻게 신용불량 국가가 되었는가?』였다. 얼마 전 『이코노미스트』에 「리스크 매니저의 고백Confessions of a Risk Manager」이라는 글이 실렸다. 이 글을 보면 현장에서 일하는 사람들의 관점을 볼 수 있다.

대부분의 은행들처럼 우리는 자산유동화 채권의 집합인 CDO(collateralised debt obligations) 채권의 포트폴리오를 보유하고 있었다. 우리 사업 및 위험 전략은 자산의 집합(주로 채권)을 산 다음 은행의 자체 대차대조표에 올려놓고 CDO로 구성한 다음 최종투자자에게 배포하는 것이었다. 우리는 투자비적격 등급 부분을 가장 열심히 팔려고 했다. 우리의 위험 승인 절차에는 이러한 투자비적격 등급 부분 보유분을 0으로 만드는 것이었다. 우리는 최상위등급인 AAA급 및 최우선순위(이는 AAA보다 높다) 부분의 포지션을 자체 대차대조표에 내부 포지션으로 올려놓을 수 있도록 허용하고 있었다. 왜냐하면 이들의 파산 위험은 더 낮은 등급 부분에 의해서 잘 보호되고 있었다고 믿었기 때문이었고, 하위 등급 부분에서 일차적으로 손실을 감당하도록 구성되어 있었기 때문이었다.

2005년 5월 우리는 AAA 부분의 가치가 오를 것을 예상했으므로 이 부분을 보유하고 있었고, 투자비적격 부분의 가치가 하락할 것이라고 예상했으므로 이들을 판매했다. 리스크 관리자의 관점에서 보자면, 위험이 낮은 자산을 보유하고 위험이 높은 자산을 매각하는 전략은 아주 완벽한 것이었다. 그렇지만 우리가 예상했던 것과는 정반대의 상황이 연출되었다. AAA 등급 채권의 가격은 하락했고 투자비적격 등급 채권의 가격이 상승했다. 따라서 우리가 보유하고 있던 포지션을 시장가에 맞추어 반영했을 때 큰 손실을 입었다.

요지는 이것이다. 위기가 닥치면 은행은 신용평가가 낮은 채권을 팔고 신용이 좋은 AAA급 채권을 보유한다. 하지만 이번 위기는 AAA급에서 생겼다. 많은 사람들이 신용 또는 금융위기만 생기면 헤지펀드나 파생상품 때문이라고 생각하지만, 이번에 손해를 본 것은 베어스턴, 메릴린치, 시티그룹, 패니매, 프레디맥이었다. 마지막은 미국 정부채밖에 없다(미국 정부가 패니매와 프레디맥을 인수한 후에 미국 정부채 가격은 어떻게 될까? 이것은 생각하고 싶지도 않다). 도대체 왜 이런 일이 벌어진 것일까?

　1998년의 롱텀캐피털매니지먼트 건은 누가 봐도 헤지펀드에 의한, 헤지펀드를 위한, 헤지펀드의 금융위기였다. 하지만 지금은 상황이 다르다. 먼저 역사적인 이야기를 해보자. 패니매와 프레디맥은 뉴딜의 산물이다. 뉴딜의 일환으로 S&L(Savings and Loans, 우리나라로 치면 저축은행이나 금고와 비슷하다)이 만들어져 주택구입비용을 담보 대출해주었다. 이것은 담보대출을 많이 해주고 나면 담보대출을 모아서 판다. 이때 사주는 기관이 패니매나 프레디맥이다. 이들은 담보대출을 사서 이것을 기초로 증권을 발행했다. 문제는 이자율이 변동하면 (특히 이자율이 낮아지면) 담보대출을 받았던 사람들이 대출을 조기상환하고 더 싼 조건에 바꿔타기를 한다는 것이다. 피곤하게도 패니매나 프레디맥 채권을 산 사람들은 채권의 만기를 예측할 수 없었던 것이다.

　그래서 개발한 게 CMO인데, 아이디어는 이것을 통째로 파는 게 아니라 쪼개서 파는 것이다. 주택담보채권을 모아서 신탁을 한 다음 몇 개의 그룹으로 나누는 것이다. 대체로 상위 70퍼센트는 순위가 높아 상환에 대한 우선권을 갖기 때문에 신용평가도 아주 높게 나온다(이것이 채무불이행할 경우는 하위 30퍼센트가 망하는 것이다). 두 번째 그룹은 20퍼센트, 가장 아래에 있는 그룹은 10퍼센트로 한다. 아래로 내려갈수록 고위험 고수익인 것이다.

1987년에는 주식시장에 위기가 닥쳤고 1994년에는 CMO 시장에 위기가 닥쳤다. 1997년에는 LTCM에 위기가 닥쳤다. 이렇게 보면 모든 위기의 근원에는 똑같은 이유가 있고 똑같은 헤지펀드들이 똑같이 파생상품을 가지고 장난을 하다가 경제를 망쳤다고 말하기 마련인데, 사실 이번 문제의 원인은 파생상품이라기보다는 채권시장 자체에 있기 때문에 더 위험하다. 사고뭉치들은 헤지펀드가 아니라 앞서 말한 주요 은행들인 것이다.

파생상품이라고 하면 많은 사람들이 헷갈려 하는데, 이건 LTCM 같은 전형적인 헤지펀드의 위험과는 다르다. LTCM은 소위 ‘무위험이익’을 추구하는 아비트리지를 했던 것이다. 위키피디어의 간단한 예를 들면, 런던에서 환율이 Σ5 = \$10 = ￥1000이고, 도쿄에서 환율이 ￥1000 = \$12 = Σ6라고 하면, 도쿄에서 \$12를 ￥1000로 바꾸고, 런던에서 \$12를 ￥1200로 바꾸면, ￥200의 공돈이 생기는 것이다.

이번 위기의 원인은 이런 거래가 아니었다. 채권시장이 움직이는 방식이었다. 설명하자면(앞서 소개한 리스크 매니저의 고백을 이해하자면) 이건 위키피디어에 나오는 ‘규제 아비트리지

regulatory arbitrage'가 문제이다. 우리나라도 지불준비금 같은 것이 있는 것처럼, 은행이나 보험사가 투자할 수 있는 종목이 다른 것처럼, 금융기관에는 다양한 규제가 존재한다. 이런 규제를 피하기 위한 기법은 아비트리지를 기본으로 하는 파생상품 전략과는 다른 일종의 '규제 아비트리지'를 하는데, 이것을 보통 '자산유동화'라고 한다. 담보대출과 CMO 사이의 관계를 예로 들면 담보대출은 대출금으로 처리가 되고, 반대로 이것을 신탁하여 CMO 같은 채권으로 발행하면 인수하는 회사 입장에서 이것은 대출이 아니고 증권이 되는 것이다.

그런데 이것은 여러 번에 걸쳐서 할 수 있다. 이때에는 CMO라고 하지 않고 CDOcollateralized debt obligation이라고 한다. 왜냐하면 채권을 담보하는 게 이제는 주택담보가 아니라 채권이기 때문이다. 이것은 한 번 더하면 CDO^2(CDO스퀘어라고 읽는다)가 된다.

다시 말해, 은행 A가 고객에게 주택담보대출을 하고, 은행 A는 은행 B에게 대출을 팔고, 은행 B는 이것을 사서 CMO를 발행하고, 은행 C는 이것을 사서 CDO를 발행한다. 은행 D는 이것을 사서 CDO 스퀘어를 발행한다. 이렇게 하는 이유는 원래 이런 종류에 투자할 수 없는 기관(연기금이나 보험 같은)에 주택담보 관련 채권(준정부기관에서 보증하므로 안전하면서도 결국은

소비자가 내는 이자에 근거하므로 수익성은 더 높다)을 팔기 위해서이다. 그리고 이렇게 하면 채권을 매입한 은행은 지급준비나 기타 회계 및 투자 관련 규정을 피하면서(돈을 대출해준 게 아니고 투자한 것이다) 고수익의 기회를 갖는다. 그리고 무시할 수 없는 게 각 단계에서 채권발행 관련 수수료를 받는 것이다.

앞에서 CMO를 발행할 때 여러 그룹tranche으로 나누어 선순위 또는 후순위 하면서 선순위의 신용평가결과를 크게 높일 수 있다고 했는데(주택담보대출을 받은 사람의 10~30퍼센트가 파산할 가능성은 거의 없으며 그 위험은 후순위가 다 흡수하기 때문이다), 이런 조작을 단계마다 계속하는 것이다.

그러면 은행 입장에서는 당할 수밖에 없다. 대출부서와 증권부서는 다른 리스크 관리 기준을 가지고 있다. 이것은 사실 대출인데 증권에 들어가 있는 것이다. 이렇게 몇 차례 복잡한 컴퓨터 모델링을 통한 '세탁'을 거치고 나면 뭐가 뭔지 아무도 모르게 된다. 그리고 신용평가기관의 평가만 믿게 된다. 게다가 각자 자신이 관리하는 채권들의 집합에 대해서만 챙기고 앞 단계에서 이런 채권을 발행하는 사람이 자기 채권집합의 가격이 얼마나 변동했는지는 따로 공시하지 않으므로 심각한 정보 공백이 생긴다. 이렇게 하여 이번 금융위기는 주요은행과 신용도가 높은 채권부터 당한 것이다.

이런 일이 왜 벌어졌을까? 가장 큰 이유는 미국이 계속 무역적자를 보이면서 다른 나라에서 계속 돈을 끌어서 썼기 때문이다. 둘째는 이렇게 은행들이 사고를 칠 때마다 연방준비은행에서 계속 이자율을 낮춰서 그들을 챙겨줬기 때문이다(이것을 그린스펀 풋이라고 한다. 요즘은 버냉키 풋이라는 말도 자주 등장한다).

이 파장은 어디까지 갈까? 이것은 아무도 모른다. 문제는 CDS 규모가 얼마나 되는지 모른다는 것이다. 이것은 CDO 시리즈와는 다른 것인데, '신용 부도 스와프credit default swap' 라고 하여 파생상품이며, 헤지펀드도 여기에 깊게 관련이 있다.

한마디로 은행들이 계속 포장과 재포장 작업을 하는 동안, 헤지펀드들은 누가 망하고 누가 망하지 않을 것인지에 대해 도박을 했다는 것이다. 은행과 헤지펀드, 헤지펀드와 헤지펀드 등이 누군가가 파산하면 보험처럼 돈을 줄 것을 약속하고 일정 금액을 계속 받았던 것이다. 그런데 이것은 배보다 배꼽을 키울 수 있기 때문에, 그리고 헤지펀드들이 무슨 짓을 하는지 알 수 없기 때문에(헤지펀드는 규정상 공시의무가 없다) 사고가 터지고 나서야 알 수 있는 것이다.

더 심각할 수 있는 문제(미국 정부가 나설 수밖에 없었던 이유)는 따로 있다. 이런 식의 증권화를 통해 금융기관들이 거래의 본질과 재무제표를 숨길 수 있었기 때문에 금융기관들이 가지고 있는 부실채권의 규모가 상당히 많았다는 것이다. 이런 금융기관에는 패니매나 프레디맥이나 기타 채권지급을 보증해 주는 금융기관들이 많이 포함되어 있었다.

이것은 무척 심각한 문제를 야기할 수 있다. 예를 들어, A 은행이 10개의 채권을 발행한 뒤 이 가운데 5개를 B 은행에 팔았고, B 은행은 이 가운데 2개를 C 은행에 팔았고, A 은행의 지급을 D 은행이 보증했고, B 은행의 지급을 E 은행이 보증했다고 한다면, A 은행이 10개의 채권 가운데 하나라도 제대로 지급받지 못할 경우, 이 은행들은 연쇄적으로 문제를 겪게 된다. 결국 모든 은행들이 연쇄적으로 신용등급이 하락하고, 채권시장이 제대로 기능하지 못하게 된다. 우울한 하루이다.

복잡한 구조화금융과
파생상품의 문제의
원인은 어디에 있는가?

지금까지 글을 주의 깊게 읽었다면 CDO, CDO^2 등으로 복잡하게 구성한 것이 문제를 증폭시킨 원인에 대해 짐작할 수 있을 것이다. 이것은 아비트리지의 근거가 시장가격이나 조세상의 차이가 아닌, 법률과 회계 및 규제상의 차이점을 교묘하게 이용한 것이라는 말과 같다. 이것을 규제 아비트리지라고 한다.

이런 규제 아비트리지를 통해서 사람들은 지불준비금 등으로 인하여 이런 상품에 투자할 수 없는 기관들이 가지고 있는 돈을 여기에 투자할 수 있도록 해주고 서로 돈을 빌려 줘서 뭔가 돈이 아주 많은 것처럼 느끼게 한 것 같다고 느낄 것이다. 그리고 이것이 위험관리부서의 규제를 교묘히 피해 실질 위기가 올 때까지 잠복하고 있었던 이유가 이런 상품의 효과가 대차대조표 등의 재무제표를 교묘하게 혼란시키기 때문이라는 생각이 들 것이다.

다음은 이런 서브프라임 문제의 원인이 단순히 이런 법률과 규제의 문제인지 아니면 보다 큰 모든 금융위기의 원인인 유동성의 문제인지를 놓고 쓴 것이다. 결국 복잡한 파생상품과 단순한 인간 두뇌의 불일치에서 생긴 문제인지 아니면 보다 근본적인 문제가 잠복해 있는지를 풀어보자는 것이다.

많은 사람들이 지금의 금융 위기가 신용평가기관이라는 최대 권력과 국가의 무분별한 월스트리트 지원 때문이라고 말한다. 하지만 문제는 그리 간단하지 않다. 서민들이 지금의 위기를 단순한 금융 위기가 아닌 경제 위기로 보는 것은 다시 말해, 미국만의 위기가 아닌 우리의 위기 그리고 더 나아가 세계적인 위기로 보는 것은 기름값 때문이다.

이것은 금융경제가 실물경제를 좌지우지하는 현상이라고 보고 헤지펀드 때문에 기름값이 인상되었다고 보는 사람들이 많지만 이 문제는 역사적인 관점에서 살펴봐야 한다. 『미국은 어떻게 신용불량 국가가 되었는가?』이라는 책을 살펴보자.

닉슨이 대규모 구상을 실행한 다음에야 이로 말미암은 경제적 손실의 범위는 분명해졌다. OPEC의 유가가 급등했고, 이는 1970년대의 인플레이션을 초래했다. 그리고 이는 달러 가격을 변동환율로 바꾼 것의 직접적인 결과였다. 1973년 OPEC 국가들이 유가를 세 배까지 올렸을 때, 달러 가격은 금 1온스당 100달러 수준, 즉 과거 가치의 약 1/3 수준으로 하락했다. 1979년 OPEC에서 다시 한 번 유가를 세 배가량 올렸을 무렵, 달러 가격은 1온스당 233달러에서 578달러 사이로 변동했다. 따라서 OPEC에서는 금값을 기준으로 하면 여전히 손실을 입고 있었다. 달러 가격이 1980년 1온스당 850달러 수준으로까지 하락했을 때, 금값 대비 석유 가격은 사상 최저 수준으로 하락했다. 진짜 문제는 미국이 통화(달러) 가치를 하락시켰다는 것이었다.

결국 기름값은 달러 가격의 함수라는 것이다. 닉슨이 금 태환을 포기했을 때 문제가 발생했고, 1·2차 오일쇼크를 두루 거쳐서 기름값의 직격 상승 때문에 많은 사람들이 고통을 받았지만 그렇다고 해서 기름을 파는 사람들이 큰돈을 번 것은 아니었다. 금값을 기준으로 하자면, OPEC은 제1차 오일쇼크 때도 제2차 오일쇼크 때도 재미를 보기는커녕 손해만 봤다. 그럼 지금 상황은 어떠할까?

그러나 2007년 말 달러 가격이 추락하자 이러한 낙관적인 과정에는 치명적인 결과가 초래되었다. 2002년 말 달러와 유로 가치가 거의 동등했었던 때와 비교해보면, 이제는 1유로를 사기 위해서는 1.47달러를 지불하여야 한다. 동일한 기간 동안 영국 파운드화의 달러 가격은 1.56달러에서 2.08달러로 급등했으며, 브라질 레알화의 달러 가격은 두 배가 되었다. 캐나다 달러는 2002년에는 64센트의 가치 밖에 없었지만, 이제 1.05달러의 가치가 있다. 『이코노미스트』에서는 이러한 달러 가치의 하락이 '역사상 최대의 파산'으로서 신흥시장의 파산의 규모와는 비교할 수 없을 정도로 크다고 했다.

사람들은 헤지펀드의 탓으로 돌리는 것을 좋아한다. 하지만 모든 문제의 근원은 지난 몇 십 년간 미국이 벌인 지나친 빚잔치 때문이다. 앞서 그린스펀 풋(그린스펀이 풋옵션이라도 행사하듯이 위기만 생기면 이자율을 낮추는 행태)에 대해서 이야기했는데, 요즘은 버냉키 풋이라는 말이 나온다고 한다.

하지만 미국 연방준비은행은 태도를 전혀 바꾸지 않았을 뿐더러 앞으로도 바꾸지 않을 것 같다. 그 이유로 버냉키가 처음으로 유명세를 탄 것은 새로운 브레턴우즈협정Bretton Woods Ⅱ 또는 세계적 저축 과잉global savings glut 이야기 때문이었다. 한마디로 이제 막 자본주의를 배우고 있는 중국, 인도, 브라질 같은 나라는 수출 주도정책을 펼 수밖에 없는데, 남는 돈은 발달된 금융시스템이 있는 미국에 투자할 수밖에 없을 거라는 말이다. 마치 이것은 러시아의 자본주의화가 미국의 부동산 가격 상승의 원인이므로 아무 걱정 없다는 그린스펀의 말과 비슷하다. 여기서 서브프라임 위기가 단순히 금융권 내부의 문제이고, 복잡한 파생상품 때문에 생긴 것인지를 확인해봐야 한다. 그럼 앞서 말한 유동성이란 무엇인가?

유동성은 자산을 현금으로 바꿀 때 발생하는 상대적인 용이성, 비용, 속도 등을 가리키는 말이다. 예를 들어, 투자할 돈이 1억 원이 있는데, 이것을 주식이나 부동산에 투자할 때 상대적인 수익률이 연리 10퍼센트로 똑같다고 가정하자. 그럼 어디에 투자하는 것이 좋을까?

지금까지 이 책을 열심히 읽었다면 당연히 복리에서 나왔던 비용 문제를 떠올려야 한다. 머니 해커라면 비용 문제에서 비용이 얼마인가보다 비용을 언제 내야 하는가가 더 중요한 문제라는 것을 알 것이다.

먼저 비용(거래 수수료, 세금 등)의 규모(비율)를 따져보고, 비용을 언제 내는가를 파악해야 한다. 비용이 모든 경우에 수익의 10퍼센트라고 가정한다면(물론 현실에서 이 비용이 완전히 똑같은 경우는 없다), 비용을 언제 낼지를 심각하게 고려해야 한다. 따져보니, 이 모든 것이 같다고 가정한다면(물론 절대 그럴 가능성은 없다), 다음에는 무엇을 비교해봐야 하는가?

당연히 '유동성'이라고 생각하는 사람은(왜냐하면 이 장의 주제가 바로 유동성이니까) 머니 해커가 아니다. 바로 차입비율 다시 말해, '레버리지'이다. 이 점을 고려한다 해도 솔직히 개인은 부동산에 투자하는 게 남는 것이다. 부동산을 산다면, 적어도 50퍼센트 대출을 받을 수 있을 것이고, 이때 예상 소득이 동일하다면, 실제로 버는 돈은 소득의 두 배에서(자기 돈 50퍼센트 더하기 빌린 돈 50퍼센트) 돈을 빌리기 위해 쓴 돈(이자)을 뺀 금액이기 때문이다. 하지만 주식을 사면, 이렇게 엄청난 레버리지가 그냥 따라오지 않는다.

혹시 증권사에 가서 "제가 1억 원이 있는데, 제게 1억 원을 빌려주시면 2억 원으로 주식 투자를 하고 싶은데요?"라고 말해보라. 앞서 말한 바와 같이 공매제도 같은 것을 이용해서 레버리지를 훔칠 수도 있지만, 이것은 개인에게는 거의 불가능한 일이고 혹시 대주와 같은 비슷한 제도를 통해 가능하다고 하더라도 잔머리를 엄청나게 굴려야 한다. 그러나 부동산에서는 레버리지는 상당한 정도 거의 자동으로 이루어진다.

그럼에도 불구하고 부동산을 살 때 심각하게 고려해야 할 것이 바로 유동성이다. 앞서 유동성은 필요할 때 현금화할 수 있는 능력이라고 말했다. 주식 시장과 비교하여 부동산 시장의 가장 큰 약점은 유동성이 떨어진다는 것이다. 부동산은 주식처럼 원하는 때에 현금으로 바꾸기가 어렵다. 그런데 유동성을 차입비율과 결합해보면 거의 파국적인 결과를 낳을 수 있다. 미국의 서브프라임 사태가 보여주는 것처럼 말이다.

레버리지를 사용하면 가격의 변동성에 대한 노출이 훨씬 더 높아진다. 좋을 때는 두 배로 좋다는 것이다. 대부분의 사람들이 여기에서 생각을 멈추지만 이것은 나쁠 때는 두 배로 나쁘다는 뜻도 된다. 집값도 떨어지는데 이자까지 내야 할 수 있다.

그런데 미국에서는 거의 대부분 변동금리모기지를 선택한다. 내야 하는 이자율의 수준이 변동하는 것이다. 만약 이자율이 급격하게 상승한다면 어떻게 될 것인가? 대부분은 "이자율이 감당할 수 없는 수준으로 높아지면, 집을 팔면 되지"라고 생각할 것이다. 그런데 문제는 이자율이 높아지면 나의 이자율만 높아지는 것이 아니라 모든 사람의 이자율이 높아진다.

예수는 "부자가 천국에 들어가는 것은 낙타가 바늘귀로 들어가는 것보다 어렵다"고 말했다. 하지만 금융 위기가 오면 레버리지가 높고 유동성이 떨어지는 재산을 가지고 있는 사람이 천국에 들어가는 것은 수천 마리의 낙타가 동시에 바늘귀로 들어가는 것보다 더 어렵다. 이것은 1987년의 미국의 금융 위기에서 단적으로 입증된 바 있다. 금융 위기에서 다른 사람들과 같은 생각을 가지고 있다는 것은 그야말로 악몽이다.

만약 여러분이 회사 사장이라면, 재무부장 같은 사람이 와서 "회사에 약간의 유동성 문제가 있습니다"라고 보고할 때 어떻게 말해야 할까? 먼저 그 말이 무엇을 뜻하는지를 알아야 한다. 재무부장이 한 말은 "인천에 배만 들어오면 빚도 갚고 잔치도 열 수 있는데, 지금은 돈이 좀 모자라요"라는 뜻이다. 이때 여러분이 사장으로서 해야 할 말은 "그래? 얼마나 필요한데?"라고 묻는 것이다.

레버리지와 유동성은 여기에서 서로 만난다. 만약 여러분이 차입금이 전혀 없다면, 유동성 위기는 별 문제가 아닐 수도 있다. 하지만 차입금이 많다면 이건 완전히 다른 이야기이다. 돈이 얼마나 필요한지를 보기 위해서는 먼저 차입금 규모와 이자 부담을 언제나 파악하고 있어야 한다는 뜻이다.

결국 요점은 금융 위기는 단순히 파생상품이 너무 복잡해서 생기는 것이 아니라 미국의 채무 문제라면 그 영향이 금융권 바깥에서 나타날 수밖에 없는데, 이번에는 기름값의 급등이 한 가지 지표일 수 있다는 것이다. 기름값과 달러값 두 가지만 보면 올랐다 내렸다 하는 현상밖에 보이지 않는다. 그러나 기름값, 달러값, 금값 세 가지를 놓고 보면 전혀 다른 그림이 보인다. 기름값의 급등의 이면에는 달러값의 하락이 있고 그 원인은 미국의 빚잔치이다. 그린스펀이나 버냉키는 증가하는 채무가 아주 자연스러운 현상이라는 변명을 늘어놓고 있지만 말이다.

다음 글에서는 통화량과 국가의 채무의 상관관계에 대해 알아보자.

존 로, 바람둥이, 도박사, 벤처 캐피탈리스트, 그리고 금융공학자

이제부터 시작할 존 로의 이야기는 위키피디어와 소설 『거대한 도박』을 기반으로 한 것이다. 존 로는 아주 특별한 사람이었다. 1671년에 스코틀랜드에서 태어나 1729년까지 살았던 그의 인생은 파란만장했다. 그는 바람둥이였고 검술에 능했다. 영국에서 윌리엄 3세의 애첩이라는 추측을 받던 멋쟁이 월슨과 결투하여 그를 죽인 후 사형 선고를 받았다. 그리고 파리로 도망갔다.

그는 타고난 도박사로 당시 유행하던 파라오라는 카드 게임의 귀재였다. 파리에 있는 동안 오를레앙 공작과 친하게 지냈지만 결국 파리에서 쫓겨나 베네치아로 갔다. 베네치아에 있으면서 그는 로또(복권)와 채권을 결합하는 아이디어를 내어 큰 돈을 벌었다. 이를테면, 채권을 발행하는데 이 채권에는 예금 이자 5퍼센트를 주고 이를 초과하는 이자는 로또를 통해서 당첨자에게 주는 것이다. 그는 다시 파리에서 추방당하고 고향인 스코틀랜드로 잠시 돌아가 1705년에 『국가에 화폐를 공급하는 방안을 포함하는 화폐와 무역에 관한 고찰 Money and Trade Considered With a Proposal for Supplying the Nation with Money』이라는 책을 썼다. 그리고 스코틀랜드 의회에서 연설을 했다. 이 연설은 그의 생각을 잘 보여주었다.

신사 여러분, 돈의 순환과 상업 유통을 다시 활성화하기 위해 우리는 어떻게 스코틀랜드에 새로운 돈을 조달할 수 있을까요? 손기술자가 그의 사업을 다시 시작하려면 그에게 필요한 것이 무엇일까요? 그것은 선금, 즉 대출입니다. 그에게는 원자재를 구입하고 임금을 지불할 돈이 없기 때문입니다. 그는 원자재와 노동력으로 새로운 재화를 생산하고 판매하기 전에 돈이 필요합니다. 우리는 스코틀랜드를 금과 은이 부족한 환경의 압박에서 해방시키는 겁니다. 국민경제의 능력이 금과 은의 양으로 결정된다는 생각에서 벗어납시다.

신사 여러분, 여기 이것은 은화 100개와 같은 가치가 있습니다. 여러분의 서명이 들어가면 스코틀랜드 국왕은 이 종이가 은화 100개와 같은 값어치가 있다는 것을 보증합니다. 그러면 이 지구상에 있는 금광과 은광이 오래전에 다 비었다 해도 저는 여러분에게 이 종이를 대출할 수 있을 것입니다. 저는 이 종이를 가지고 여러분이 오늘 생산하는 재화로 장래에 달성할 이익을 사들이는 것입니다. 여러분에게 주화가 하나도 없다 해도, 우리에게 금속이 없어도 말입니다. 우리는 무에서 돈을 창조해냅니다. 우리는 자신의 움직임에서 스스로의 노동력을 창출하는 도구를 창조하는 것입니다. 그리고 이 종이 돈을 보증해주는 것은 금속이 아니라, 우리가 미래에 기대하는 업적입니다. 우리는 돈의 흐름을 통제함으로써 돈과 상거래의 순환을 유도하고, 새로 만들어진 돈의 가격을 결정합니다. 이 모든 시스템을 운용하는 데 스코틀랜드 국왕의 돈은 한 푼도 들지 않습니다.

여기서 존 로의 생각을 좀 더 잘 이해하기 위해 앞 장으로 돌아가보자. 앞에서 유동성은 자기 자산을 쉽고 빠르고 싸게 현금으로 바꿀 수 있는 현금화의 능력이라고 했다. 그런데 여기서 말하는 현금은 당시 존 로가 상상만 했던 지폐이다. 그렇다면 지폐가 없고 금화나 은화만 있는 시대라면, 전체 시스템 차원에서 현금화의 능력, 즉 유동성은 심각한 제약을 받을 것이다. 이것이 바로 유동성과 통화가 만나는 지점이다.

 존 로의 생각은 애초에 토지은행을 설립하는 것이었다. 이 발상은 생각보다 간단하다. 당시 제네바나 베네치아 같은 금융의 중심지에서는 은행이 지폐를 만들어 유통시켰다. 이것은 현대적 의미의 지폐는 아니었다. 어음과 비슷한 것으로 지폐를 가지고 가는 사람에게 그에 상응하는 금화나 은화를 준다는 증서였다. 이것이 수표처럼 유통되었던 것이다. 이런 맥락에서 볼 때 토지은행은 증서를 가지고 있으면 그에 상응하는 토지를 준다는 것이었다. 한마디로 국가의 토지에 상응하는 만큼의 국부를 '유통할 수 있도록' 또는 '유동성을 높이도록' 한다는 것이었다. 이렇게 보자면 요즘 유행하는 자산유동화도 이와 비슷한 맥락에서 시작되었다고 볼 수 있다. 그리고 이런 생각은 (어쩌면 그가 도박사였기 때문에 도박판에서 사용하는 칩을 열심히 관찰하여 이런 결론을 내렸을 수도 있겠지만), 이왕 유동성을 높일 바에야 토지뿐만 아니라 국가의 부의 총량(또는 앞의 연설에서 말하는 바와 같이 늘어난 유동성의 결과로 증가하는 미래의 생산성)을 유동화하자는 이야기로 발전했다. 이렇게 따지면 국가에서 통용되는 화폐의 총량은 국가의 부의 총량과 일치해야 한다.

불행히도 그의 제안은 스코틀랜드 의회에서 부결되었다. 태양왕 루이 14세가 죽고 나서 그는 다시 프랑스로 돌아갔는데 당시 프랑스의 상황은 끔찍했다. 태양왕이 전쟁 비용으로 충당한 부채 20억 리브르 때문에 매년 부채 이자만 9천만 리브르를 지불했다. 그리고 묘하게도 오를레앙 공작 이전에 왕위를 잇도록 되어 있던 사람들이 모두 독살당하고 오를레앙의 섭정이 시작되었다. 마침내 존 로는 꿈에 그리던 은행, 방크 제네랄을 설립했다.

하지만 곧 은행권의 역효과가 나타나기 시작했다. 첫 번째는 프랑스의 재정관리들의 파멸이었다. 프랑스의 재정관리란 루이 14세에게 전쟁을 위한 돈을 빌려준 사람들이었다. 이들은 재정관리로 일하면서 정기적으로 이자를 징수했고, 경우에 따라서는 국가로부터 세금 징수권을 양도받아 세금을 받아 이자로 충당할 권리를 가지고 있었다. 존 로가 그렇게 원했던 은행권 발권 권한이 있는 은행 설립이 이토록 지체되었던 이유는 바로 이들의 격렬한 반대 때문이었다. 이들은 표면적으로는 "왕정과 지폐는 서로 맞지 않는 시스템"이라고 반대했지만 실질적으로는 왕이 담보도 없이(특히 금화나 은화를 보유하지 않고) 지폐를 찍어낼 권한을 가지게 되면 자신들이 파멸하기 때문이었다. 국왕이 지폐를 찍어서 빚을 갚을 수 있기 때문이었다.

그리고 이런 일은 실제로 일어났다. 방크 제네랄을 설립한 지 얼마 되지 않아 프랑스는 막대한 부채를 갚아버렸다. 요즘 '비용의 공유, 이익의 사유화'라는 이야기가 자주 나오는데, 이것은 국왕에 의한 이익의 사유화와 비용의 공유의 전형적인 경우이다. 돈을 찍어내어 빚을 갚고 필요한 재원을 충당하면 이익은 돈을 찍어내는 사람에게 귀속되는 반면 그 비용은 인플레의 형태로 전 국민에게 가중되는 것이다.

여기서 잠시 존 로가 아주 젊은 시절 토지은행의 아이디어를 가지고 스코틀랜드를 떠나 영국으로 건너갔을 때 이야기를 해보자. 슬로터스 커피 하우스에서 모와브르를 만났을 때였다.

"전쟁이 모든 것을 먹어 치웠어요. 유럽 왕들은 전쟁을 멈춰야 할 겁니다. 전쟁은 아무런 부가가치도 창출하지 못하고, 우리의 돈을 먹어 치웁니다. 우리는 주화를 주조할 금속이 없습니다. 유통되는 돈은 점점 더 줄어들고, 동시에 상품들은 비싸지기 때문에 우리는 더 많은 돈이 필요합니다. 이에 대한 당신의 생각은 어떻습니까?"

"토지은행을 설립하는 겁니다."

존이 대답했다.

"예. 당신에게 토지가 있다고 가정해보세요. 이 토지는 가치가 있지요. 당신은 토지은행에서 그 가치를 증명하는 서류를 하나 받습니다. 이 서류가 바로 종이 화폐지요. 사람들은 이 지폐를 가지고 상품과 서비스를 구입할 수 있습니다."

"토지은행은 한시적으로 그 토지의 소유주가 되는 거로군요."

"맞습니다. 그것은 항상 실질적으로 상응하는 가치가 있습니다. 주화는 그 속에 포함된 금속만큼의 가치가 있으며, 지폐는 배후에 담보로 있는 토지만큼의 가치가 있겠지요. 당신은 하룻밤 사이에 영국에 있는 모든 토지를 유동적인 현금으로 바꾸는 겁니다."

모와브르는 생각에 잠겨 머리를 끄덕였다.

"윌리엄 3세는 돈이 필요합니다. 그러나 아무도 그에게 무엇을 빌려주려고 하지 않습니다. 그의 선임자들이 빌린 돈을 아직 갚지 않았기 때문이지요. 미스터 로, 문제는 신용입니다. 당신의 토지은행 뒤에 신이 버티고 있다면 아마도 그것은 기능을 발휘하겠지요. 하지만 솔직히 나는 신조차 신뢰하지 않습니다. 신이 존재할 확률은 1퍼센트도 안 됩니다. 이 이야기는 나중에 하지요. 저는 오늘 할 일이 남았습니다."

물론 이것이 존 로가 직접 한 말인지 확실하지 않다. 하지만 여기서 잠시 앞으로 돌아가서 MBS에 대해서 한번 생각해보자. 존 로가 한 토지은행 이야기에서 지폐를 채권으로 바꾼다는 것은 실제로 MBS 구상을 설파하고 있는 것이다! 토지은행을 신탁 또는 대출은행으로 바꾸면 이들은 한시적인 소유주가 되는 것이 아니라 담보권자가 되는 것이지만 그 본질적인 구조의 유사성에 대해서는 정말 경악하지 않을 수 없다. 앞에서 CMO, CDO, CDO·2로 이어지는 자산유동화 과정과 토지은행의 유사성은 정말 놀랍다. 그리고 그 본질은 바로 유동성이다.

여기서 군이 자산유동화 과정을 통하여 유동성을 증대하고 관리하고 확장하는 기능이 국가의 고유 영역에서 개별 기업과 금융기관의 기능으로 확장되었다는 주장을 하려는 것은 아니다. 그렇지만 이것은 분명 차분하게 생각해봐야 할 점이다. 다음 글은 유동성이 어떻게 이 문제의 핵심에 놓이게 되었는지에 대한 것이다.

유동성 문제는 어떻게
해결할 수 있는가?

MONEY
HACKING

군대 있을 때 흔히 듣던 말로 "병장은 뭐 고스톱 쳐서 딴 줄 알아?"라는 말이 있다. 믿거나 말거나 고스톱 쳐서 대통령이 된 사람이 있다. 금태환을 포기한 닉슨 대통령이다.

아론 브라운이 쓴 『월스트리트의 포커페이스』에 따르면 "리처드 닉슨은 포커에서 딴 돈으로 최초 의회진출 선거비용을 충당했으며, 의원직을 기반으로 대통령직에 도전했고, 대통령이 되고 나서도 리스크가 큰 배팅을 계속하다가 결국 쪽박을 찼다"고 한다.

포커로 큰돈을 번 사람에는 닉슨 외에도 빌 게이츠, 존 클러지, 텍사스 석유재벌 클린트 머치슨, 기업매수 전문가 칼 아이칸 등이 있다. 도스토예프스키나 마리오 푸조 같은 사람들은 포커를 쳐서 망한 다음 그 상심을 책을 쓰기 위한 영감으로 승화시켰다고 한다.

『월스트리트의 포커페이스』를 쓴 아론 브라운은 하버드 대학에서 응용수학, 시카고 대학에서 재정학 석사를 받았고 지금은 모건스탠리에 근무한다. 감사의 글을 보면 거론된 스승들이 현대금융의 인명사전에 다름 아니다. 케네스 애로, 조지 스티글러, 밀턴 프리드먼, 유진 파마, 머튼 밀러, 피셔 블랙 등이다.

이 책에 리처드 닉슨보다 더 중요한 인물로 부각되는 사람이 존 로이다. 리처드 닉슨의 가장 중요한 스승은 아마 존 로가 아닐까. 요즘 금융투기와 거품 이야기에 대해 튤립 사건을 이야기하는데, 사실 이보다 더 중요한 사건이 바로 미시시피 주식회사 투기사건이다. 존 로는 바로 이 사건을 일으켰다. 이것은 튤립 사건과는 달리 만든 (설계한) 사건 (작품)이다.

존 로는 시대를 200~300년 이상 앞서간 사람이다. 그가 설계한 벤처는 나중에 1990년대 말에 미국에서 재현되었고 그가 설계한 순수지폐는 나중에 닉슨이 1970년대에 받아들였다. 게다가 밀턴 프리드먼은 존 로가 아주 오래전에 실험까지 끝내고 결론을 내리고 나서야 인플레이션은 언제나 통화적인 현상이라고 이야기를 해서 아주 유명해졌다.

존 로와 오를레앙 공작의 경험이 주는 교훈은 이것이다. 첫째, 빚진 사람이 돈 찍는 기계를 가지고 있으면 돈 빌려준 사람은 망한다는 것이다. 인플레이션은 채무자에게는 희년이 요, 해방의 날이다. 이자를 고정이율로 내기만 한다면 말이 다. 둘째, 빚진 사람이 돈 찍을 권리를 가지고 있으면 더 이상 빌릴 필요도 없다는 것이다. 돈 찍는 기계만 있으면 돈 빌려 주는 사람 없이도 얼마든지 나 홀로 빚잔치를 할 수 있기 때 문이다.

왜 버냉키가 새로운 브레턴우즈협정 같은 이야기를 했는 지 이해가 된다. 아무리 찍어내도 대체로 걱정이 없을 것이라 고 생각하는 것이다. 왜냐하면 중국이나 인도 같은 나라들이 달러를 좋아하니까 가지고 있을 거라는 것이다. 하지만 그렇 다고 해서 나중에는 아무도 미국에 돈을 안 빌려줬다는 뜻은 아니다. 지금부터는 빌려준 사람이 누구인지를 다룰 것이다.

유동성 문제는 어떻게 해결할 수 있는가? 방법은 하나다. 돈이 있는 사람을 찾아서 돈을 빌리는 수밖에 없다. 만약 여 러분이 회사 사장이고, 재무부장이 약간의 유동성 문제가 있 다고 보고하면, 맨 처음 얼마나 부족한지를 물어야 하고 다음 에는 그 정도의 돈을 누가 가지고 있을까를 물어야 한다. 이 것은 국부펀드가 현재의 위기에 대한 해결책이라고 제안하는 것은 아니다. 이미 미국을 비롯하여 여러 중앙은행들까지 개입할 수밖에 없는 상황에서는 말이다. 하지만 이들이 (미국 정부에 더하여) 상당한 정도 미국의 유동성 확대에 기여했을 것이고, 잠재적으로는 어느 정도까지 해결책이 될 수도 있을 것이라고 생각했던 것도 사실이다. 뚜껑이 열리기 전까지는 말이다. 이러한 여러 가지 문제를 떠나서 한 가지 확실한 것은 이것이 정말로 새로운 현상이라는 것이다.

별로 기억하고 싶지 않지만, 1997년 한국의 금융위기(외환위기)를 기억해보자. 1997년 외환위기를 통해 우리나라 사람들은 몇 가지를 배웠다. 첫째, 경제 위기는 가난해서 오는 것이 아니라는 것이다. 이것을 유동성 위기라고 이름 붙였다. 한마디로 인천에 배만 들어오면 돈을 다 갚을 수 있고 남는 돈도 많은데, 지금 당장 돈이 없어 경제가 망할 수 있다는 것이다. 둘째, 이것을 해결하기 위해서는 누군가에게 돈을 빌려야 한다는 것이다. 그리고 IMF처럼 돈을 빌려준 사람들이 치사하게 굴어도 참아야 한다는 것이다.

지금부터는 미국에 돈을 빌려준 사람들이 누군지 알아볼 것이다. 이와 더불어 한국의 외환보유와 관련된 미스터리를 풀고자 한다. 몇 년 전까지만 해도(심지어 작년까지만 해도) 외환보유고가 너무 많다고 걱정했는데, 이제는 외환보유고가 너무 적다고 걱정한다.

미국의 금융 위기 이야기는 적어도 2~3년은 된 이야기이다. 그렇다면 도대체 누가 돈을 빌려주었을까? 앞서 말한 것처럼 미국 금융 위기의 핵심에 있는 기관은 정체불명의 헤지펀드가 아니라 미국의 주요 금융기관이다. 그리고 심각한 위기에 처한 주요 은행들(그러니까 시티그룹과 메릴린치 같은 곳)에 약 210억 달러(21조 원)에 달하는 긴급 투자가 이루어진다. 그 중에는 우리나라의 한국투자공사도 약 20억 달러(2조 원)를 투자한다.

주목할 부분은 KIC가 운용하고 있는 200억 달러의 외환보유액이 국민들 세금으로 조성된 자금이라는 사실이다. 수출 대기업들을 지원하기 위해 한때 외환보유액을 늘려가며 환율을 끌어올리던 정부가 외환보유액이 감당할 수 없을 정도로 불어나자 무분별한 해외투자에 나섰다는 비판을 받고 있다. 최근에는 외환보유액을 털어 환율을 인위적으로 끌어내리는 위험천만한 도박을 시도하고 있기도 하다.

이런 이야기를 듣고 어떤 사람들은 우리나라에도 이런 것이 있었냐고 생각할지도 모른다. 하지만 이 공사는 2005년 설립되었으며 투자자금은 한국은행의 외환보유고 170억 달러 및 재정경제부의 외국환평형기금 30억 달러이다. 우리나라는 외환위기 이후 제대로 교훈을 배운 셈이다. 단기유동성이 국가적 위기로 이어질 수 있다는 교훈을 배운 뒤 외환보유를 상당히 늘이기 시작했는데, 이게 감당하지 못할 수준으로 넘어가자 이걸 독자적인 투자회사로 설립한 것이다. 위키의 SWF 기사에 따르면 우리나라만 이런 것이 아니며, 우리나라의 KIC는 전체 SWF의 약 12위쯤 된다.

Top sovereign wealth fund M&A transactions 2007-2008

Target	Target Nation	Sovereign wealth fund	Value ($m)
Citigroup	United States	Kuwait Investment Authority (KIA), GIC (Singapore)	12,500.0
UBS	Switzerland	GIC (Singapore)	11,535.0
Citigroup	United States	Abu Dhabi Investment Authority (UAE)	7,500.0
Merrill Lynch	United States	KIA (Kuwait), Korea Investment Corp	6,600.0
Merrill Lynch	United States	Temasek Holdings (Singapore)	5,600.0
Morgan Stanley	United States	China Investment Corp (China)	5,000.0
Laureate Education	United States	Caisse de Depot et Placement (Canada)	3,677.5
OMX	Sweden	DIFC (UAE)	3,551.4
Barclays	United Kingdom	China Development Bank (China)	2,980.1
Budapest Airport	Hungary	Caisse de Depot de Placement (Canada)	2,610.4
London Stock Exchange	United Kingdom	DIFC (UAE)	1,648.0
Related Cos	United States	Mubadala Development Co (UAE)	1,400.0
Carlyle Group	United States	Mubadala Development Co (UAE)	1,350.0
Och-Ziff Cap Mgmt Group	United States	Dubai International Capital (UAE)	1,258.6
Alliance Medical	United Kingdom	Dubai International Capital (UAE)	1,248.7
Mauser	Germany	Dubai International Capital (UAE)	1,159.8
OMX	Sweden	DIFC (UAE)	1,100.6
Bharti Infratel	India	Temasek Holdings (Singapore)	1,000.0
Chapterhouse Holdings Ltd	United Kingdom	GIC Real Estate (Singapore)	954.2
Barneys New York	United States	Istithmar PJSC (UAE)	942.3
Pearl Energy	Singapore	Mubadala Development Co (UAE)	877.5

이 그림은 'excessliquidity.org'에 있는 것이다. 이것은 SWF의 활동상을 잘 보여주는데, 미국 SEC 의장인 크리스토퍼 콕스Christopher Cox는 SWF가 굴리는 돈의 규모가 2015년에

는 12조 달러에 달할 것이며 이로서 전 세계 헤지펀드 규모를 능가할 것이라고 봤다.

　흥미로운 것은 SWF에 대해 2005년 처음 이야기를 한 앤드루 로사노프Andrew Rosanov는 우리나라를 예로 들어 설명했다. 여기서 먼저 이해해야 할 것은 중앙은행의 외환보유와 SWF를 구분 짓는 가장 큰 차이는 중앙은행은 단기적인 유동성 관리에 집중할 수밖에 없으므로 투자 전략도 단기적일 수밖에 없는 반면, SWF는 보다 중장기적이고 (많은 사람들이 비판하듯이 특히 산유국의 경우에는) 다른 나라의 기간산업에 투자하는 것에 크게 관심이 있다는 것이다. 로사노프의 「누가 국부를 쥐고 있나? Who holds the wealth of nations?」라는 논문을 인용해보자.

　한국은행에서는 비상시에 이러한 자산을 회수할 수 있는 옵션을 보유한다는 합의에 이르렀다는 점이 도움이 되었다. 그 의미는 KIC에 운용 업무를 위탁하긴 하지만, 실제로는 중앙은행에서 국제 유동성의 일환으로 보유하고 있는 셈이라는 것이다. 외환보유고의 상태를 유지한다는 말의 또 다른 의미는 자산의 다변화를 유동성이 큰 상장증권에만 제한해야 한다는 뜻으로서, 부동산 또는 PE(private equity) 등에의 투자 가능성이 배제된다는 것이다.

한국은행이 (단기유동성위기의 경우에) 콜옵션을 가지고 있는 듯하며, 따라서 부동산이나 PE에는 투자할 수 없도록 하고 있는 듯하다. 그렇다면 왜 단기유동성 위기 문제가 나왔을까? 그리고 이런 조건이 있었다면 1년간 청산할 수 없는 메릴린치 투자는 예외일까? 이 책에서는 세계금융시장에서 새롭게 떠오르고 있는 SWF에 대해서만 설명하려 했으므로 여기서 마치겠지만, 앞으로의 세계금융에 관심이 있는 사람에게는 SWF가 결코 그냥 넘어갈 수 없는 중요한 문제가 될 것이다.

유동성 문제, 구조화금융,
합성증권,
그리고 헤지펀드

어느 정도는 예상한 일이지만 메릴린치 인수, 리만 파산신청, AIG 긴급 대출신청 등 혼란이 닥쳐왔다. 지금부터는 이런 사태가 왜 일어났는지에 대해서 이야기할 것이다.

앞서 미국 담보대출시장은 12조 달러이고, 패니매와 프레디맥에 들어갈 돈이 2천억 달러이고, 그 전에도 베어스턴즈로 한바탕 소란이 일어났고, 시티그룹이나 메릴린치도 작년에 상당한 부실채권을 손실로 처리했고, 컨트리와이드 같은 서브프라임 전문회사도 많이 망했다는 것을 이야기했다.

그렇다면 대체 미국 담보대출 시장의 부실이 얼마나 엄청난지에 대해서, 좀 더 구체적으로 담보대출의 몇 십 퍼센트 이상이 부실화된 것인지 궁금할 것이다. 그리고 미국 사람들 가운데 얼마나 많은 사람들이 대출금을 갚지 못해 길거리로 나 앉고 있는지가 궁금할 것이다.

결론적으로 말하자면, 배팅은 경마장에서만 이루어진 것이 아니고, 경마장 옆과 앞과 뒤에 수없이 많은 사설 경마장이 있었다는 것이다. 앞서 이야기한 것처럼 신용 부도 스와프를 통해서 서로 보험 비슷하게 보증해주고 담보해주고 하다가 망했다는 것인데, 지금부터는 이것이 배보다 커진 배꼽처럼 될 수 있었던 이유에 대해서 알아볼 것이다. 그러기 위해선 먼저 용어정리부터 해야 한다. 먼저 구조화 채권은 『금융시장을 지배하는 핵심키워드』에 따르면 다음과 같다.

구조화 채권은 채권과 파생상품이 결합한 상품으로 채권의 원금과 이자가 금리, 주식, 통화 등의 기초자산에 연동돼 결정된다. 구조화 채권에는 대개 콜, 캡, 플로어 등 옵션 성격의 파생상품이 내재되는데 보통 투자자가 파생상품의 매도포지션, 발행자가 매수포지션에 놓인다.

이런 말은 믿지 말아야 한다. 금융에서 대체로 구조화는 '현금 흐름의 일치' 와 관련된다. CLO나 CDO를 예로 들자면, 자산(담보대출이나 채권)으로부터 들어오는 돈과 발행한 채권과 관련하여 나가야 하는 돈을 일치시키는 기법을 구조화라고 한다. 담보대출자 가운데 적어도 몇 명은 대출이자를 늦게 내거나 못 낼 수도 있으므로 이런 것을 전부 감안해도 발행한 채권의 이자를 내야 하기 때문에 수학이 좀 필요한 것이다.

앞의 설명은 구조화 채권이라기보다는 결합채권 또는 파생상품 결합채권이라고 번역하는 것이 더 나은 'synthetic securities'를 말하는 것이다. 만약 내가 번역했더라면 '가상채권'이라고 했을 것이다. 이것의 기본적인 아이디어는 다음과 같다.

예를 들어, 돈이 좀 생겨서 변동이자율 채권을 사고 싶은데 그것이 시장에 없다면, 고정금리 채권을 따로 사고 이자율 스와프를 따로 사서 원하는 현금 흐름을 '에뮬레이트(모방)'하는 채권을 구성하는 것이다. 채권 없는 채권을 파생상품만 이용해서 만들 수 있다는 것이다.

다시 본론으로 돌아가보자. 앞서 CDS를 이용해서 서로 보험처럼 대상의 파산 위험을 보증했다고 했다. 이것을 구체적으로 이야기하자면, 보험과 파생상품에는 큰 차이가 있다. 가장 중요한 것은 내가 피보험재산을 가지고 있지 않아도 파생상품은 할 수 있다는 것이다. 다시 말해, 차가 없으면서도 옆집 아저씨 차를 가지고 자동차보험을 들어놓으면, 옆집 아저씨가 사고가 나면 돈을 버는 것이라고 할 수 있다. 이런 것이 파생상품에서는 가능하다는 것이다. 어차피 약속일 뿐이니까 말이다.

그래서 사람들이 CDS를 가지고 장난을 치기 시작한다는 것이다. 예를 들어 누군가가 CDO를 샀는데 그 파산위험을 피하고자 CDS를 사두고 나중에 파산하면 보험금처럼 받는다는 건데, 정작 월스트리트에서는 이런 상품을 가지고 앞서 말한 파생상품 결합증권(이라고 쓰고 가상증권이라고 읽는다)을 구성한다는 것이다.

이것이 유용한 이유는 내가 CDO를 파는 사람인데 CDO를 사겠다는 사람이 줄을 섰다면, CDO는 적어도 누군가가 부동산담보대출을 받아야만 하고 그걸 가지고 누군가가 CMO를 발행해야 그걸 가지고 CDO를 발행해서 팔 수 있는데, 이렇게 가상채권이라는 멋진 신세계로 들어오고 나면 담보대출이 없어도 담보대출을 (그러니까 현금 흐름을) 에뮬레이트하는 증권을 파생상품을 적절히 조합해서 만들 수 있다는 것이다. 거짓말 같다면 위키로 가서 Synthetic CDO로 가보면 알 수 있을 것이다.

결국 주식 파생결합상품이라는 게 바로 이런 것이다. 문제는 이렇게까지 해서 CDO에 투자하고자 하는 사람들은

CDO 가운데에서도 (CDO를 발행할 때는 순위를 정해서 선순위, 중순위, 후순위로 나눈다) 고위험 고수익의 후순위에 많이 투자를 한다. 이것이 바로 주택담보라는 경마장을 중심으로 앞에서, 옆에서, 뒤에서 사이드배팅을 한 군상들의 양상이다.

마지막으로 이런 상품에 대해서 투자한 사람들이 어떻게 했는지 간단히 설명할 것이다. '헷지드 월드 언헷지드 블로그'에 따르면 다음과 같다.

미국이 가장 두려워하는 시나리오는 부동산이 터져서 이 모양인데 여기다 파생상품의 연결고리마저 터지면 게임끝이라는 판단일 것이다. 그런데 그렇게 되면 게임끝인 것은 미국만이 아니라 현행 자본주의 자체가 끝난다는 것이 문제이다.

헤지펀드 이야기를 해보자. 『1조 달러 대폭락』에 따르면 이처럼 CDS로 가지고 논 금액이 대충 18.2조 달러 정도가 된다. 이런 헤지펀드들이 구성된 양상을 살펴보자.

1. 지분 또는 주식을 팔아서 돈을 모은다(예를 들어 2천만 달러).
2. 그 돈의 5배에서 10배를 은행에서 빌린다(예를 들어 5배의 경우 8천만 달러).

3. 이걸로 20억 달러짜리 CDO에서 손실을 가장 먼저 흡수하는 5
퍼센트 채권을 1억 달러 산다.

4. 이 채권을 돈을 빌려준 은행에 담보로 제공한다.

5. 이 시점에서 5:1의 레버리지로 20:1의 채권을 샀으니 이미 레버
리지는 100:1이 된다.

이런 시나리오에서는 전체 CDO에서 1퍼센트가 돈을 갚
지 못하면 이미 자기자본은 끝나는 것이다. 결국 이 파생상품
이 들어오면서 미국의 부동산담보대출 시장은 이미 전광판의
경마장 점수표와 비슷한 기능만 하게 된다.

앞서 말한 부동산담보대출 시장에서 부실율이란 그 자체
에 어떤 의미가 있다기보다는 누가 이기고 졌는지를 계산할
때 쓰는 점수 정도의 의미밖에 없는 것이다.

이것이 진짜 유동성
문제가 맞긴 한 것인가?

M O N E Y
H A C K I N G

아래는 신현송 교수(프린스턴대 경제학과)의 연구결과에서 나
온 것이다. 이 글은 왜 리만이 망할 수밖에 없었는지 설명해

Subprime Exposures

	Total reported sub-prime exposure	Percent of reported exposure
US Investment Banks	75	5%
US Commercial Banks	250	18%
US GSEs	112	8%
US Hedge Funds	233	17%
Foreign Banks	167	12%
Foreign Hedge Funds	58	4%
Insurance Companies	319	23%
Finance Companies	95	7%
Mutual and Pension	57	4%
US Leveraged Sector	671	49%
Other	697	51%
Total	1,368	100%

Note: The total for U.S. commercial banks includes $95 billion of mortgage
exposures by Household Finance, the U.S. subprime subsidiary of HSBC.
Moreover, the calculation assumes that US hedge funds account for four-fifths of all
hedge fund exposures to subprime mortgages.
Source: Goldman Sachs. Authors' calculations.

출처: David Greenlaw, Jan Hatzius, Anil K. Kashyap, Hyun Song Shin,
Leveraged Losses: Lessons from the Mortgage Market Meltdown, p. 35

준다. 하나씩 따라가보자.

　이에 따르면 투자은행의 서브프라임 관련 투자 비율은 5 퍼센트이다. 정말 얼마 되지 않는다. 그렇지만 이것은 아마 서브프라임과 관련한 직접적 노출의 비율일 것이다. 다음 그 림을 살펴보자.

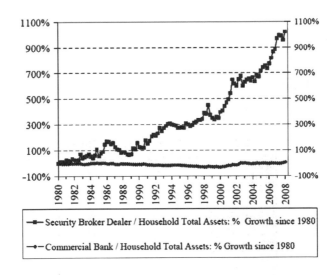

Growth in Broker-Deaker and Commercial Bauk Assets relative to Household Assets (1980Q1 as base)
(Source: US Flow of Funds, Federal Reserve)

출처: Tobias Adrian and Hyun Song Shin, Financial Intermediaries, Financial Stability and Monetary Policy, p. 8

뜻밖의 사실이다. 앞의 그림에서 보여주는 것은 1980년 이래 시중은행과 투자은행의 가구 자산 대비 보유 자산의 비율의 증가를 보여준다. 1980년에는 거의 비슷한 수준(100퍼센트 미만)이었던 것이 시중은행은 큰 변동이 없는데, 투자은행은 거의 10배가 증가하여 1000퍼센트 수준에 이르고 있다. 대체 어떻게 된 일인가? 앞서 말한 존 로의 토지은행 이야기와 은행권 발권이 가능한 은행의 설립 이야기를 한번 떠올려보라. 아마 이해가 될 것이다.

아래 두 그림은 대차대조표라 생각하고 이해하면 쉽다. 왼쪽에는 자산이 있고 오른쪽에는 부채가 있다. 원칙적으로 양쪽이 일치하고 기간이 일치하면 유동성 문제는 없는 셈이다.

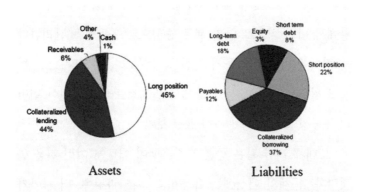

Lehman Balance Sheet (2007)

출처: Stephan Morris and Hyun Song Shin, Financial Regulation in a System Context, p. 14

그런데, 오른쪽 자산에서 담보대출collateralized lending 44퍼센트의 대부분은 CDO와 CDO 시리즈에 투자한 것이라고 보면 된다. 보유long position 45퍼센트는 주식이나 채권의 보유이다. 투자은행에서는 습관적으로 보유하고 있는 것은 "길다"고 말하고, 매각한 것(특히 공매는 일종의 초단기 레버리지 성격을 가질 수밖에 없음을 기억하자)은 "짧다"고 말하는 이상한 습관이 있다.

왼쪽 부채에서 자본금은 3퍼센트이다! 담보차입 collateralized borrowing 37퍼센트는 거의 3개월 미만의 단위로 돌려야 하는 ABCPAsset-backed Commercial Paper이다. 그러니까 CDO 투자 44퍼센트를 지탱하는 거의 대부분이 3개월 단기 차입인 것이다.

그리고 초단기 레버리지인 '짧은 포지션' 22퍼센트까지 합하면, 그리고 단기 채무 8퍼센트까지 합하면, 금융 위기 상황에서 이런 식으로 단기 채무 중심으로 유동성을 관리한다는 것이 얼마나 어려울지 한번 상상해보라. 마지막으로 '헷지드 월드 언헷지드 블로그'에서 번지점프라고 표현한 리만의 유동성 고갈 과정에 관한 표를 보자.

도대체 리만 같은 좋은 투자은행이 어떻게 이런 일을 한 것일까? 문제의 핵심에는 유동성의 창조 과정에, 더 나아가 앞서 규제 아비트리지라고 말한 회계 및 법률상의 규정을 돌아가기 위한 목적으로 만들어낸 다양한 거래에 있다. 어쩌면 복잡한 금융상품의 구조 때문에 실제로 전체 그림을 보지 못하는 사람들은 이런 상황을 파악하지 못했을 가능성이 있다.

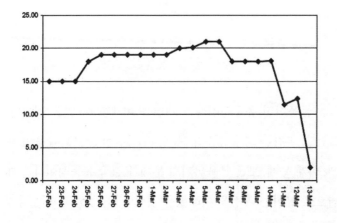

Bear Stearns Liquidity Pool (US $ billions)
(Source: SEC)

출처: 상동, p. 16

금융위기에서
얻은 교훈 :
유동성과 공매도

MONEY
HACKING

지금쯤이면 유동성이라는 개념을 이해할 수 있을 것이다. 그리고 복잡한 파생상품의 문제, 더 복잡한 구조화금융의 문제, 회계 문제, 모든 금융위기의 문제가 결국 유동성이라는 개념으로 모이는 과정을 이해했을 것이다. 유동성 문제는 따지고 보면 빚을 갚을 때가 됐는데 빚을 갚지 못하는 문제이고, 빚잔치의 문제라는 것을 이해할 것이다.

결국 빚은 여러 가지 복잡한 기법과 기술을 거쳐 다양한 형태로 변신했지만 사라지지는 않는다는 것이다. 여러분이 투자자로서 금융 위기의 원인에 대한 이해를 넘어서서 배워야 하는 교훈이 있다면, 그것은 바로 빚을 지지 말라는 것이다. 빚은 다양한 형태로 나타난다. 하지만 빚은 결국 빚일 뿐이다. 아래에서는 빚의 한 가지 형태이자 개인으로서 가장 쉽게 유혹에 빠질 수 있는 형태인 공매도에 대해서 알아보겠다. 어떤 블로그는 공매도에 대해 다음과 같이 설명했다.

문제는 공매도가 주가 폭락을 조장한다는 것이다. 주가가 하락해야 이익을 얻을 수 있기에 고의적으로 악성 소문을 퍼뜨려서 특정 기업의 주가를 하락시킨다. 이로 인해 주식 시장이 불안정해지는 것은 물론이며 멀쩡한 기업이 무너질 수도 있다. 특히 단기 시세차익을 노리는 헤지펀드는 공매도를 이용해 세계 각국의 증시를 불안하게 만드는 주범이다.

이것을 주식 매수 문제로 바꾸어 설명해보자.

문제는 주식매수가 주가 거품을 조장한다는 것이다. 주가가 상승해야 이익을 얻을 수 있기에 고의적으로 장밋빛 소문을 퍼뜨려서 특정 기업의 주가를 상승시킨다. 이로 인해 주식 시장이 불안정해지는 것은 물론이며 멀쩡한 기업이 거품이 될 수도 있다. 특히 단기 시세차익을 노리는 헤지펀드는 주식매수를 이용해 세계 각국의 증시를 불안하게 만드는 주범이다.

정작 공매도의 현실이나 문제는 아무것도 지적 못하고 있다. 실제 공매도에 대해서 말해보자면 주식 가격이 상승할 것 같다면 물론 주식을 사야 한다. 주식 가격이 하락할 것 같다면 주식을 팔아야 한다. 주식이 없다면 공매도를 하는 것이다. 이 문제는 앞의 주식 가격이 상승할 것 같은데 돈이 없는 것과 같은 상황이다.

문제는 공매도는 어쩔 수 없이 차입거래라는 것이다. 이것이 첫 번째 문제이다. 대체로 거의 대부분의 나라에서 벗은 공매도(앞의 글에서는 무차입 공매도라고 말했다)를 규제하고 있다. 규제하기 전에는 나라에 따라 다르지만 대체로 거래가 성사되고 나면 3영업일 이내에 정산을 해야 한다. 3영업일 이내에 주가가 하락하면 사서 정산하는 것이고 주가가 상승하면 망하는 것이다.

여기서 두 번째 문제가 나온다. 만약 주가가 상승할 것 같아 주식을 샀을 때 잃을 수 있는 돈의 이론적 한도는 주가가 0이 되는 경우이고, 이 경우에는 자기가 투자한 금액 전체가 될 것이다. 주가가 마이너스로 떨어지지 않는다면 말이다. 그런데 주식을 공매도했을 때 잃을 수 있는 돈의 이론적 한계는 무한하다. 투자한 금액뿐만 아니라 자기가 가진 돈을 초과할 수 있다는 것이다. 주가는 이론적으로 무한히 오를 수 있기 때문이다.

이런 일을 왜 하는 것일까? 이것이 다양한 문제가 있음에도 불구하고 실제로 공매도를 (완전히) 규제하지 못하는 것인데, 소위 아비트리지라는 것이다. 자신이 1920년대에 살고 있는 제시 리버모어라고 믿지 않는 이상 또는 완전히 미치지 않은 이상 공매도만 하는 사람은 거의 없을 것이다. 대체로 헤지펀드에서 거래하는 아비트리지는 쌍으로 한다.

예를 들어, 주가가 하락할 것 같다면, 주가를 공매도하면서 그 위험을(틀렸을 때는 위험이 실제로 무한할 수 있으므로) 피하기 위해 선물이나 옵션을 사는 것이다. 시장이 효율적이라는 것은 그냥 가설이다. 대부분의 정설은 이런 아비트리지가 시장의 효율성을 높인다고 한다.

여기서 세 번째 문제가 나온다. 계산을 잘못했거나 컴퓨터가 버그가 났거나 해서 자기가 계산한 대로 계산한 범위 내에서 시장이 움직이지 않는 것이다. 또는 알면서도 무모하게 할 수 있다(그렇지만 대개는 중개인이나 상대방이 마진콜을 요구한다). 그러면 파산할 것이고 이런 사람이 아주 많아지면 시장이 심각하게 교란될 수 있다. 요즘 많이 나오는 카운터파티 리스크도 있을 수 있다.

눈이 밝은 독자라면, 앞서 아비트리지 이야기를 통해서

공매도는 매수와 함께 아비트리지에 필수불가결한 요소임을 배웠을 것이다. 엄밀하게 말하면, 매수와 매도의 쌍으로 거래를 하는 것이지만, 많은 경우 공매도를 사용한다. 그렇지만, 공매도는 아비트리지의 한쪽 다리이기도 하지만 동시에 이것은 차입거래 또는 빚의 한 가지 형태이다. 여기서 강조하고 싶은 것은 바로 이것이다.

공매도는 차입거래의 한 형태이기 때문에 공매도를 남발하게 되면 아주 높은 유동성 위험에 노출된다. 이것이야말로 투자자로서 이번 금융위기를 통해서 배워야 할 교훈이다. 즉, 빚은 여러 가지 형태로 오고 공매도도 빚의 한 형태이다. 만약 공매도를 한쪽 다리로 하는 아비트리지를 구성해야 한다면(그런데 높은 차입거래와 레버리지의 효과를 감당할 수 있는 기관투자자가 아니라면), 매수와 공매도를 통해서 구사할 수 있는 투자전략과 똑같은 전략을 매수와 풋옵션 매수를 통해서도 구성할 수 있다. 또는 매도와 콜옵션 매수를 통해서도 구성할 수 있다.

이렇게 옵션 매수와 실물의 매수/매도의 조합을 통해서 구성하는 포지션은 따지고 보면 매수/공매도의 조합과 경제적으로는 똑같은 효과를 가지게 된다.

그러나 만일 공매도가 일종의 차입거래 또는 빚이라는 사실을 감안한다면, 그 효과는 같지 않을 수 있다. 또한 이와 같은 레버리지의 형태로써 공매도와 옵션을 비교할 때에는 옵션의 매도 역시 일종의 레버리지 효과를 가져올 수 있다는 것을 염두에 두어야 한다. 경제적 포지션의 관점에서 보면 콜옵션의 매수나 풋옵션의 매도나 비슷해 보이고, 콜옵션의 매도나 풋옵션의 매수나 비슷해 보이지만, 레버리지의 관점에서 보자면 이 둘은 확연히 다른 이야기이다.

금융 개념을 몸으로 체험하라

우리나라 속담에 "팔방미인이 밥 굶는다"는 말이 있다. 지금까지 이 책을 읽은 사람이라면 눈에 물집 생길 정도로 본 말이 아마 "어설프게 아는 것 때문에 돈 잃고 몸 망친다"는 말일 것이다. 이 말은 위대한 우리 선조들의 지혜를 금융공학적으로 표현한 것이다.

개념은 세계를 보는 창이다. 이론은 세계를 보고 이해하는 안경 역할을 해야 한다. 그런데 대부분의 금융이나 경제 관련 책을 보면 너무 많은 개념과 이론이 들어가 있어 정작 이론과 개념이 암기하고 기억해야 할 추상적인 것으로 다가오는 경우가 많다. 하지만 개념은 체득되어야 한다. 단 하나의 이론으로 세상을 읽을 수 없다면, 단 하나의 개념으로 세상을 사로잡을 수 없다면, 그 개념을 이해하고 있다고 또는 그 이론을 알고 있다고 말하지 말아야 한다.

이것이 이 책을 쓴 이유이다. 나는 금융과 경제와 돈을 이해하기 위해 필요한 단 몇 개의 개념만을 골라 그 개념을 체득할 수 있도록 하기 위해 이 책을 썼다. 그리고 이러한 작업을 계속 할 것이다. 앞으로는 좀 더 복잡한 이론과 개념을 설명할 것이다. 블랙 숄즈나 VaR 같은 이해하고 싶지 않은 개념과 이론을 소개할 것이다. 하지만 따라 읽어보라. 단 하나의 개념을 체험적으로 알고 나면 이런 복잡해 보이는 개념이 얼마나 쉽게 다가오는지 놀라게 될 것이다.

MONEY HACKING